/科技部推荐优秀科普图书/

青铜冶铸

总顾问 冯天瑜 钮新强
总主编 刘玉堂 王玉德

万全文 著

上海科学技术文献出版社
Shanghai Scientific and Technological Literature Press

长江出版社
CHANGJIANG PRESS

冯天瑜

长江文明馆献辞
（代序一）

> 无边落木萧萧下，
> 不尽长江滚滚来。
> ——杜甫《登高》

江河提供人类生活及生产不可或缺的淡水，并造就深入陆地的水路交通线，江河流域得以成为人类文明的发祥地、现代文明繁衍畅达的处所。因此，兼收自然地理、经济地理、人文地理旨趣的流域文明研究经久不衰。尼罗河、幼发拉底—底格里斯河、印度河、恒河、莱茵河、多瑙河、伏尔加河、亚马孙河、密西西比河、黄河、珠江等河流文明，竞相引起世人关注，而作为中国"母亲河"之一的长江，更以丰饶的自然禀赋、悠远深邃的文化积淀、广阔无垠的发展前景，理所当然成为江河文明研究的翘楚。历史呼唤、现实诉求，长江文明馆应运而生。她以"长江之歌 文明之旅"为主题，以水孕育人类、人类创造文明、文明融于生态为主线，紧紧围绕"走进长江"、"感知文明"和"最长江"三大核心板块，利用现代多媒体等手段，全方位展现长江流域的旖旎风光、悠久历史和璀璨文明。

干流长度居亚洲第一、世界第三的长江，地处亚热带北沿，人类文明发生线——北纬30°线横贯流域。而此纬线通过的几大人类古文明区（印度河流域、两河流域、尼罗河流域等）因副热带高压控制，多是气候干热的沙漠地带，作为文明发展基石的农业仰赖江河灌溉，故有"埃及是尼罗河赠礼"之说。然而，长江得大自然眷顾，亚洲大陆中部崛起的青藏高原和横断山脉阻挡来自太平洋季风的水汽，凝集为巫山云雨，致使这里水热资源丰富，最适宜人类生存发展，是中国乃至世界自然禀赋优越、经济文化潜能巨大的地域。

长江流域的优胜处可归结为"水"—"通"—"中"三字。

冯天瑜

一、淡水富集

长江干流、支流纵横，水量充沛，湖泊星罗棋布，湿地广大，是地球上少有的亚热带淡水富集区，其流域蕴蓄着中国35%的淡水资源、48%的可开发水电资源。如果说石油是20世纪列国依靠的战略物资，那么，21世纪随着核能及非矿物能源（水能、风能、太阳能等）的广为开发，石油的重要性呈缓降之势，而淡水作为关乎生命存亡而又不可替代的资源，其地位进一步提升。当下的共识是：水与空气并列，是人类须臾不可缺的"第一资源"。长江的淡水优势，自古已然，于今为烈，仅以南水北调工程为例，即可见长江之水的战略意义。保护水生态、利用水资源、做好水文章，乃长江文明的一个绝大题目。

二、水运通衢

在水陆空三种运输系统中，水运成本最为低廉且载量巨大。而长江的水运交通发达，其干支流通航里程达6.5万千米，占全国内河通航里程的52.5%，是连接中国东中西部的"黄金水道"，其干线航道年货运量已逾十亿吨，超过以水运发达著称的莱茵河和密西西比河，稳居世界第一位。长江中游的武汉古称"九省通衢"，即是依凭横贯东西的长江干流和南来之湖湘、北来之汉水、东来之鄱赣造就的航运网，成为川、黔、陕、豫、鄂、湘、赣、皖、苏等省份的物流中心，当代更雄风振起，营造水陆空几纵几横交通枢纽和现代信息汇集区。

三、文明中心

如果说中国的自然地理中心在黄河上中游，那么经济地理、人口地理中心则在长江流域。以武汉为圆心、1000千米为半径画一圆圈，中国主要大都会及经济文化繁荣区皆在圆周近侧。居中可南北呼应、东西贯通、引领全局，近年遂有"长江经济带"发展战略的应运而兴。长江经济带覆盖中国11个省（市），包括长三角的江浙沪3省（市）、中部4省和西南4省（市）。11省（市）GDP总量超过全国的4成，且发展后劲不

冯天瑜

可限量。

　　回望古史，黄河流域对中华文明的早期发育居功至伟，而长江流域依凭巨大潜力，自晚周疾起直追，巴蜀文化、荆楚文化、吴越文化与北方之齐鲁文化、三晋文化、秦羌文化并耀千秋。龙凤齐舞、国风—离骚对称、孔孟—老庄竞存，共同构建二元耦合的中华文化。中唐以降，经济文化重心南移，长江迎来领跑千年的辉煌。近代以来，面对"数千年未有之大变局"，长江担当起中国工业文明的先导、改革开放的先锋。未来学家列举"21世纪全球十大超级城市"，依次为：印度班加罗尔、中国武汉、土耳其伊斯坦布尔、中国上海、泰国曼谷、美国丹佛、美国亚特兰大、墨西哥昆坎—图卢姆、西班牙马德里、加拿大温哥华。在可预期的全球十大超级城市中，竟有两个（武汉与上海）位于长江流域，足见长江文明世界地位之崇高、发展前景之远大。

　　为着了解这一切，我们步入长江文明馆，这里昭示——

　　一道天造地设的巨流，怎样在东亚大陆绘制兼具壮美柔美的自然风貌；

　　一群勤勉聪慧的先民，怎样筚路蓝缕，以启山林，开创丰厚优雅的人文历史。

　　（作者系长江文明馆名誉馆长、武汉大学人文社科资深教授）

一馆览长江 水利写文明
（代序二）

钮新强

"你从雪山走来，春潮是你的风采；你向东海奔去，惊涛是你的气概……"一首《长江之歌》响彻华夏，唱出中华儿女赞美长江、依恋长江的深厚情感。

深厚的情感根植于对长江的热爱。翻阅长江，她横贯神州6300千米，蕴藏了全国1/3的水资源、3/5的水能资源，流域人口和生产总值均超过全国的40%；她冬寒夏热，四季分明，沿神奇的北纬30°延伸，形成了巨大的动植物基因库，蕴育了发达的农业，鱼儿欢腾粮满仓的盛景处处可现；她有上海、武汉、重庆、成都等国之重镇，现代人类文明聚集地如颗颗明珠撒于长江之滨；她有神奇九寨、长江三峡、神农架等旅游胜地，多少享誉世界的瑰丽美景纳入其中；她令李白、范仲淹、苏轼等无数文人墨客浮想联翩，写下无数赞美的词赋，留下千古诗情。

长江两岸中华儿女繁衍生息几千年，勤劳、勇敢、智慧，用双手创造了令世人瞩目的巴蜀文明、楚文明及吴越文明。这些文明如浩浩荡荡的长江之水，生生不息，成为中华文明重要组成部分。

人类认识和开发利用长江的历史，就是一部兴利除弊的发展史，也是长江文明得以丰富与传承的重要基石。据史料记载，自汉代到清代的2100年间，长江平均不到十年就有一次洪水大泛滥，历代的兴衰同水的涨落息息相关。治国先必治水，成为先祖留给我们的古训。

为抵御岷江洪患，李冰父子筑都江堰，工程与自然的和谐统一，成就了千年不朽，成都平原从此"水旱从人、不知饥馑"，天府之国人人神往。

一条京杭大运河，让两岸世世代代的子孙受惠千年。今天，部分河段化身为南水北调东线调水的主要通道，再添新活力，大运河成为连接古今的南北大命脉。

新中国成立以后，百废待兴，党和政府把治水作为治国之大计，长江的治理开发迎来崭新的时代。万里长江，险在荆

江。1953年完建的荆江分洪工程三次开闸分洪，抗击1954年大洪水，确保了荆江大堤及两岸人民安全。面对'54洪魔带来的巨大创伤，长江水利人开启长江流域综合规划，与时俱进，历经3轮大编绘，使之成为指导长江治理开发的纲领性文件。

"南方水多，北方水少，能不能从南方借点水给北方？"毛泽东半个多世纪前的伟大构想，是一个多么漫长的期盼与等待呀。南水北调的蓝图，在几代长江水利人无悔选择、默默坚守、创新创造中终于梦想成真，清澈甘甜的长江水在"人造天河"里欢悦北去，源源不断地流向广袤、干渴的华北平原，流向首都北京，流向无数北方人的灵魂里。

新中国成立以来，从长江水利人手中，长江流域诞生了新中国第一座大型水利工程——丹江口水利枢纽工程、万里长江第一坝——葛洲坝工程、世界最大的水利枢纽——三峡工程。与此同时，沉睡万年的大小江河也被一条条唤醒，以清江水布垭、隔河岩等为代表的水利工程星罗棋布，嵌珠镶玉。这是多么艰巨而充满挑战、闪烁智慧的治水历程！也只有在这条巨川之上，才能演绎出如此壮阔的治水奇观，孕育出如此辉煌的水利文明，为古老的长江文明注入新的动力！

当前，长江经济带战略、京津冀协同发展战略及一带一路建设正加推提速，长江因其特殊的地理位置与优质的资源禀赋与三大战略（建设）息息相关，长江流域能否健康发展关系着三大战略（建设）的成败。因此，长江承载的不仅是流域内的百姓富强梦，更是中华民族的伟大复兴梦。长江无愧于中华民族母亲河的称号，她的未来价值无限，魅力永恒。

武汉把长江文明馆落户于第十届园博会园区的核心区，塑造成为园博会的文化制高点和园博园的精神内核，这寄托着武汉对长江的无比敬重与无限珍爱。可以想象，长江文明馆开放之时，来自五湖四海的人们定将发出无比的惊叹：一座长江文明馆，半部中国文明史。

（作者系长江文明馆名誉馆长，中国工程院院士、长江勘测规划设计研究院院长）

前 言

19世纪中叶，丹麦的考古学家汤姆生最先提出了用石器时代、青铜时代、铁器时代来区分人类文明的不同发展阶段，这种分期法得到了广泛的认可。依据这一分期方法，我国的夏、商、周时即为青铜时代。商周时期的青铜冶炼和铸造也确实取得了举世瞩目的惊人成就，青铜器成为了中国古代社会文明的标志性成果。世界青铜器的发展过程，是先采用自然铜，继而冶炼矿石为纯铜即红铜，而后冶炼红铜加有关金属合成合金即青铜。纯铜质软，用途受限制，须加有关金属掺和成为青铜，质地变硬，才得以被广泛运用。至于掺和什么金属，中西有所不同，中国最早是加锡或铅，成为锡青铜、铅青铜，或锡铅青铜；西方最早是加砷，成为砷青铜，加锡、铅是后来出现的，时间比中国晚很多。

中国迄今考古发现最早的铜器都是红铜类型，且全部出自黄河流域的仰韶文化遗址中。目前所发现的最早的两件青铜器也是出土于黄河流域，为两把铜刀：一件出土于甘肃东乡林家马家窑文化遗址，为锡青铜，用单范铸造，较原始，属范铸法初级阶段；另外一件出土于甘肃永登马厂文化遗址，成分情况与上述相同。这是中国青铜器的起源阶段。

在黄河流域的龙山文化、岳石文化、齐家文化遗址中，已有近20处出土铜器。早期皆为红铜，或冶炼不精之黄铜，晚期始出现青铜。河南登封王城岗龙山文化古城址中的一个第四期窖穴里出土的一片可能是铜鬶的残片，上有烟熏痕迹，可证明是实用器，经检测为含锡的锡青铜铸件，上残留有合范缝迹，应为技术已较进步的合范铸造。就青铜器发展状况来看，这应视为形成阶段的开始，表明我国至少在龙山文化晚期已进入铜器时代。

二里头文化一般认为即夏文化，在河南偃师二里头文化遗址中，出土了刀、锥、凿、钻和钩等生产工具，戈、钺、镞等兵器和爵、鼎、斝等礼器。镞这种一次消耗性产品的出现，应是以当时冶铜业已比较发达，生产较为充足为前提的。各类器物所表现出的铸造技术也有相当发展，具有较高的艺术水平。出土的器物有三件经化验都是青铜器，平均含铜85%、锡5.55%、铅1.19%，较之商代青铜器，铜偏高，而锡、铅偏低，显示出一定的原始性，但也反映出青铜基本上取代了红铜的事实。总之，二里头所出铜器已具备青铜器的基本要素，表明二里头文化时期即夏代，青铜时代已完全到来。

由以上可知，中国铜器的起源、形成、发展，其线索清晰可见者仅在黄河流域。换言之，是黄河流域率先进入了青铜时代。《墨子·耕柱》所说的，"夏后开使蜚廉折金于山川而陶铸之于昆吾"并非无稽之谈。长江流域青铜器的出现比黄河流域要晚很多，而且是在黄河流域青铜文化的影响下才开始青铜器铸造的。

《中国文物报》1988年2月5日在《天门出土新石器时代铜块和孔雀石》一文中报道："去年9月至12月，文物考古工作者在湖北天门市石河镇新石器时代遗址进行发掘，出土了一批铜块和孔雀石，这一发现，在我国南方同时代遗址中尚属首次。这处遗址的时代属屈家岭文化早期到石家河文化晚期。"考古资料表明，长江流域在新石器时代晚期已踏上了青铜时代的门槛，但离登堂入室尚有一步之遥，直至商代早期，长江流域各地才比较普遍地出现青铜器。诸多因素使长江流域在新石器时代便已出现区域文化的雏形，各区域文化随着时代的发展而发展。在先秦时期，长江上、中、下游分别出现了吴越文化区、楚文化区、巴文化区、滇文化区等，各文化区在与中原文化有着广泛交流的同时，相互间的文化交流也是十分频繁的，但都保持着相对的独立性，因此，各区域文化的发展始终都是不平衡的。作为先秦物质文化代表的青铜文化，其发展的不平衡性尤为明显，在长江流域最终形成了以楚国青铜文化为代表的南系。

在中国青铜铸造史上，曾出现过两个高峰：第一个高峰出现在商代后期和西周早期，其中心区域主要在中原地区。第二个高峰出现在春秋中晚期和战国早期，主要是以长江中游地区的楚国青铜冶铸为代表。长江流域后来居上，再次铸就了中国古代青铜文化的辉煌。

长江流域的青铜文化丰富多彩，既有昙花一现的三星堆青铜雕像，也有震烁古今的吴戈越剑，更有集中国古代青铜冶铸工艺技术之大成的曾侯乙青铜器群，还有延绵至汉代且充满草原文化色彩的滇王国青铜器。多至一个器群，少至一件器物，都颇具文化意蕴，吸引人们去欣赏、探索。这里便是在现有考古资料的基础上，撷其精而撮其要，和大家一起探个究竟。

目 录

前言 / 1

长江流域的铜矿资源及其早期开发 / 1

  铜矿带及古铜矿的发现 / 2

  铜矿的采掘 / 5

  铜矿石的冶炼 / 13

  铜料的去向 / 16

商代长江流域的青铜器 / 17

  中原商文化的南渐 / 18

  蜀王国器物坑出土的青铜器 / 18

  中游地区的青铜铸造 / 30

  下游地区的青铜器 / 60

西周时期长江流域的青铜器 / 62

周人的南进 / 63

上游地区的青铜器 / 65

中游地区的发现 / 67

土墩墓里的收获 / 73

春秋战国时期长江流域的青铜器 /78

长江流域的文化圈 / 79

滇王国的青铜器 / 82

巴蜀青铜器 / 91

曾楚争辉 / 103

吴戈越剑 / 137

主要参考文献 / 149

长江流域的铜矿资源及其早期开发

中国铸铜的历史可上溯至新石器时代中晚期,但当时多是以自然铜来制成红铜器。人工采冶红铜可能要稍晚,不过在新石器时代晚期已显露端倪,湖北天门石家河文化遗址出土的铜块和孔雀石,有可能即为人工采冶所得。

> 从文献记载来看，我国的铜矿开采，也大约始于新石器朝代晚期。

据神话和传说，青铜兵器始于黄帝、蚩尤之世。《管子·地数篇》说："葛卢之山发而出水，金从之，蚩尤受而制之，以为剑、铠、矛、戟，是岁相兼者诸侯九；雍狐之山发而水，金从之，蚩尤受而制之，以为雍狐之戟、芮戈，是岁相兼者诸侯十二。"《中华古今记》也说蚩尤"造立刀戟、兵杖、大弩"。"金"就是铜和铁。但当时有铜无铁，铁直到春秋时期才开始用于制作器物。蚩尤凭借着先进的青铜兵器，几乎所向披靡。黄帝与蚩尤之间所发生的战争，"九战九不胜"。后来黄帝采掘昆仑之山的铜，铸造兵器，改善装备，再联合了一些部落之后，才打败了蚩尤。

黄帝、蚩尤是新石器时代末期两个部落的首领，正是青铜兵器成为了左右他们之间战争胜负的利器。从黄帝、蚩尤两个部落都大量铸造青铜兵器的传说来看，当时可能已开始了铜矿的开采。长江流域的先民们对铜矿的开采，应与此时相去不远。

铜矿带及古铜矿的发现

始于清末民初，中国开始了现代地质矿产的勘探，铜自然成了其中的重点，历经近一个世纪，积累了相当丰富和翔实的资料。

（一）铜矿的分布

中国的铜资源以斑岩型矿、矽卡岩型矿、层状及层控型矿为主，三者合计约占全国总储量的70%左右，其余则为铜镍型矿、黄铁型矿和含铜砂岩型矿。

中国的铜矿资源有着既广泛而又相对集中的分布特点，全国绝大部分省、市、自治区都有铜矿存在，而主要矿区却集中在少数地区，如长江中下游铜矿带，川滇

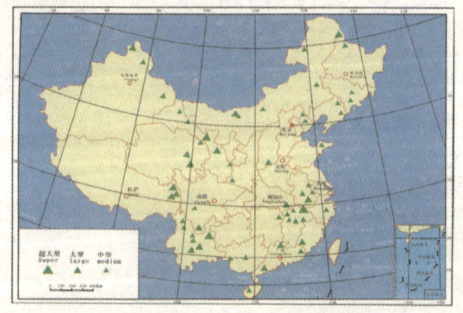

「中国铜矿分布图」

长江流域的铜矿资源及其早期开发

地区的云南东川、易门等矿区，中条山矿区和甘肃的白银厂、金川矿区等就是非常集中的四大矿区。这四大矿区的储量占全国总储量的三分之二以上。其中，又以长江中下游铜矿带居于首位，包括阳新在内的湖北大冶矿区为中国五大铜基地之一，辖下的铜绿山矿为国内屈指可数的大型富铜矿藏，素有"状元矿"之称。江西又称"铜省"，其铜矿资源占全国总储量的30%以上，主要矿山有德兴、瑞昌、九江、铅山和东乡五处。安徽境内发现有铜矿点200余处，约90%的储量分布于长江两岸的铜陵、南陵、贵池、安庆等地。江苏的铜矿区则位于宁芜盆地的中段西翼。

（二）荆扬之地铜矿带

作为中国最大的铜矿带，长江中下游铜矿带的主要矿区，如大冶铜绿山、瑞昌铜岭、铜陵铜官山等都属于矽卡岩型矿床，其侵入岩多为燕山期的中酸性岩浆岩（以花岗闪长岩类为主），围岩则多为碳酸盐岩。矿石品位较高，富矿约占40%。

该铜矿带的各铜矿，经过长期风化作用，次生富集的氧化带厚达数十米至百米，适合于古代技术条件下开采、冶炼。而皖南地区的铜矿藏虽多数为不具备现代工业采冶价值的小矿点和矿化点，但由于矿石品位高，距地表浅近，恰巧利于古人找矿和采冶。

（三）荆扬之地"金三品"

自进入青铜时代之后，铜料就成为了整个社会物质文化的主角。因此，铜料产地为许多典籍所著录。其中被著录最多的铜产地首推荆、扬二州。《禹贡》说："荆及衡阳惟荆州，……厥贡……惟金三品"，"淮海惟扬州，……厥贡惟金三品"。《汉书·地理志》也说："……东南曰扬州，……其利金、锡、竹、箭，……正南曰荆州，……其利丹、银、齿、革等，……"

> 所谓"金三品"，有人说是指"铜之色也"，意指不同质地与色泽的原料。

此外，《考工记》、《越绝书》、《史记·货殖列传》等史籍也多次提到"吴粤之金锡"，"荆扬……左陵扬之金"，"江南金锡"等等。上面所述的"金"就是指长江中下游铜矿带所出产的铜料,这也是此上古产铜中心当时盛产铜料的真实记录。

(四)古铜矿重见天日

优越的地质成矿条件,决定了长江中下游的铜矿得以为上古先民们所大量开采,并遗留下众多的老窿(古矿井的俗称)。迄今已在湖北的大冶县、阳新县,江西的瑞昌市,安徽的贵池、枞阳、铜陵、南陵、繁昌、青阳、泾县、庐江县以及江苏的南京市等,共发现商周时期的铜矿采冶遗址100余处,其中经过较大规模的考古发掘的采矿遗址有铜绿山、港下、铜岭、南陵等。

> 著名的大冶铜绿山古矿冶遗址位于长江中下游铜矿带西端,在湖北大冶以西约3千米处,东临长江仅25千米,有水道相通。遗址南北长约2千米,东西宽约1千米,是目前已发现的年代较早、保存基本完好且规模较大的古铜矿。

「大冶铜录山古矿冶遗址」

矿区有12个矿体,其中9个被古人开采过。始于1973年,考古工作者对其中6个矿体的部分遗存进行了多次发掘,共清理出地下采区7处,采矿井巷近500座(条),炼铜区3处,炼炉多座,还出土有用于采掘、装载、照明、排水、提升的铜、铁、木、竹、石等多类生产工具装备及陶器、铜锭、铜兵器等遗物。经过科学检测,该矿区的开采至迟始于西周早期,经春秋战国一直延续到汉代。遗址的上限年代,有可能到商代晚期。

湖北阳新丰山铜矿及附近的港下等古铜矿遗址,距大冶铜绿山仅数10千米,距长江不足10千米,交通便利。1977年对丰山古铜矿遗址进行了考古调查和试掘,之后于1985年在现代采矿活动中发现了港下遗址,发掘面积虽不大,但采矿遗存十分丰富,其开采年代约在西周早期。

江西瑞昌铜岭古矿冶遗址北滨长江,东西长约1千米,南北宽约0.5千

长江流域的铜矿资源及其早期开发

米，1988年被发现后进行了考古发掘，清理出古代的采矿竖井、平巷、露天槽坑近百座（条）。出土了铜斧、铜凿、木锹、木铲、竹筐、木辘轳、木水槽等采掘、装载、提升、排水的生产工具以及陶器。还清理出选矿场、工棚等遗存。陶器断代与古坑木的碳-14测定年代相吻合，遗址的年代至迟始于商代中期并一直延续到春秋晚期。

> 瑞昌铜岭古矿冶遗址年代之早，保存之完好，遗存之丰富，在国内外都是罕见的，它对于研究我国的早期采矿技术、铜料的来源等都提供了宝贵的资料。

安徽沿江两岸矿冶遗址的考察和发掘始于1985年，迄今发现采铜炼铜遗址约90处，其中属先秦时期的近20处，其中以地处南陵、铜陵交界地带的工山、凤凰山、狮子山、铜官山等处最集中。这些古代铜矿基址基本为采矿、选矿、冶炼结合配套型，即从开采矿石、加工、选矿、冶炼，直到制成粗铜坯，是在一个小区域内完成的，其开发的年代至迟始于西周。

湖南麻阳矿冶遗址位于湘西沅麻盆地的丘陵地带，矿床属于以自然铜为主的砂岩型富铜矿床。1982年发掘清理出露天、地下采坑共15处，出土木质、铁质工具和陶器等，其时代为战国时期。

长江中下游铜矿带不仅在先秦时期被大量采冶，成为当时的产铜中心，而且为后世历代所开采，直至今天。如安徽铜陵的铜官山、凤凰山一带，即为西汉时见于典籍的设置铜官的唯一所在，铜陵有色金属公司也建立于此。古今采铜的历史紧密相联，在这里得到充分的体现。

铜矿的采掘

已沉寂两千多年，分布在长江中下游铜矿带的众多古铜矿，经过考古工作者的发掘、研究，终于向世人展现了其本来面目。宋、明时代的有关著述较明确且较为具体地记述了同时代铜矿的采、选、冶工艺，成就辉煌。发展相当完备的先秦采铜技术，则是通过一系列遗址而得以揭示的。

（一）找矿

找矿是采矿的前提，上古先民们已充分掌握了根据诸矿共生原理找矿的方法。

> 先秦时期的《管子》和《山海经》是两部世界上最早记载矿物共生理论的文献，较详细地记录了当时寻找矿床的经验。

《管子·地数篇》中说："上有慈石者，下有铜金；上有陵石者，下有铅、锡、铜。"《山海经·五藏山经》也明确地指出了铜矿与某种矿物之间的共生关系，如铜山"其上多金、银、铁"；"上有玉，则下有铜"等等。所谓"慈石"就是铁帽，中国先秦铜矿大多处在铁帽区，通常它标志的不是铁矿矿床本身的存在，而是表明其深部有铜之类的有色金属的存在。总之，这两部先秦文献明确指出某些矿物之间的密切关系，揭示了金属矿产垂直分布的某些规律性现象。这种理论观点和现代矿床学知识也是相符的。

「铜草花"海州香薷"」

除这种根据矿物共生原理找矿之外，还有根据植物指示找矿、观察矿石颜色寻矿等方法。湖北大冶铜绿山盛产喜铜植物铜草，就是利用植被分布寻找矿藏的典型例子。铜草学名"海州香薷"，其吸收土壤中的微量元素作为营养物质，当土壤中的含铜量较多时，这种植物就生长茂盛，每至深秋，颜色泛红，从而成为找铜的标志。

《大冶县志》上记载："铜绿山，山顶高平，巨石对峙，每骤雨过，有铜绿如雪花小豆，点缀土石之上，故名。"这里所说的就是根据矿石颜色或根据"矿苗"来找矿

「孔雀石」

的方法。"孔雀石"是一种翠绿色的具有很强玻璃质感和金属光泽的含铜矿物，因其色泽美丽，犹如绿孔雀之翅翎，故冠以"孔雀石"之名。这种现象也为古人所利用。

在没有现代地质勘探手段的情况下，掌握正确的找矿方法，犹如把握了开门的钥匙，是铜矿采冶过程中的第一环节，也是至关重要的一环。

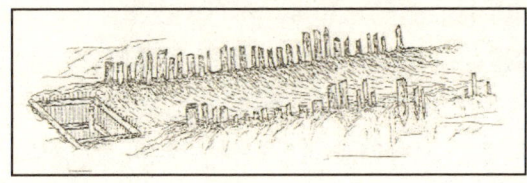
「半地穴式探槽」

铜矿产地的方位选定之后，就需要做具体的探矿工作，以确定富矿的矿脉走向。早期一般是从矿脉露头处开掘一条半地式探槽，当找到富矿后再进行立井开拓。

先秦时期较成熟的探矿方法主要有两种：其一，开掘小型竖井进行探矿。在大冶铜绿山古矿冶遗址已发现的252条矿井中，有一部分矿井断面很小，仅45厘米×45厘米，或是独立的小井，显然是用于探矿的。

其二，选矿也是探矿的一种补充形式。早期选矿有人工手选和重力选矿两种，后者又有淘洗法和溜槽法。重力选矿是主要的选矿方式。淘洗法是用诸如船形木斗等工具，利用水介质中矿物岩石粒料比重的差异来分选铜矿物，以确定铜矿石品位的高低，指导井巷的掘进方向。船形木斗是用整块木材挖制而成的，整个木斗近似元宝形，两

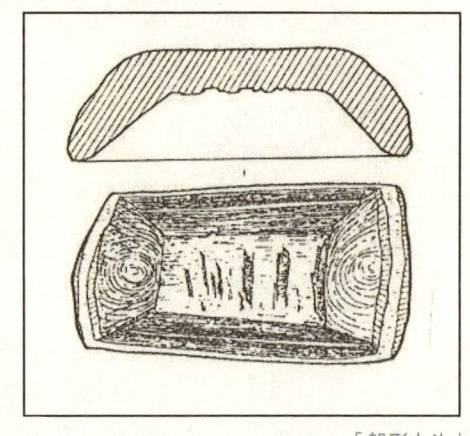
「船形木斗」

端伸出平板，斜向上翘，中间为一方形圆角的"仓"。铜绿山出土的一件全长35.2厘米、宽14厘米、高7厘米，"仓"内空长20厘米、宽12.5厘米、深3厘米，类似现在的"淘金斗"。

（二）采矿

寻矿、探矿的目的就是为了采矿，得到高品位的矿石。皖南古铜矿遗址的考古发掘成果表明，当时的采矿方法是露采、坑采和露采后再坑采。

> 露采是人类使用矿岩最早出现的开采方式，它是从矿物富集处开始挖取，完全暴露于地表的一种开采方法。现在所发现的先秦时期的露采，有山坡露天采场和从地表挖掘堑沟的凹陷露天采场两种形式。

铜绿山凹陷露天矿即深约10余米，直径达30米。不过，在迄今所发现最早的古铜矿遗址——瑞昌铜岭遗址已发现由露采转为坑采的遗迹。

在露采基础上逐步发展起来的坑采是最主要的采矿方式，它是在矿体上沿矿脉凿洞向下采掘。坑采方式由围岩而定，围岩坚硬，掘进形成洞穴或地下采场。围岩松软，则由用木结构支护的井巷开拓。长江中下游铜矿带便是多用木结构支护的井巷。

「大铜斧」

采掘工具在各古铜矿遗址中均有出土，以铜、铁、木为原料制成，其中的斧、锛、锤、錾、凿、钻等为采掘的重要工具，用来凿岩石，开掘井巷。大冶铜绿山古矿冶遗址中曾出土铜斧、铁斧等数10件，仅从12线一处老窿中就有11件形制相同的铜斧出土。斧长25厘米、刃宽22厘米，重3.5千克。这批铜斧的化学成分经测定为：铜90.27%、锡6.25%、铁1.05%、锑0.18%、铅0.15%、铝0.02%、锌3.01%。湖北省博物馆收藏有一柄特大型铜斧，出土于铜绿山古矿井附近，重约15千克，可称之为"铜斧之王"。该铜斧出土时表面基本上无锈蚀，但其刃部磨损严重，表面布满了与刃部呈垂直方向的划痕，有的划痕很深，应是在开采矿石或凿井时与岩石等强力摩擦而形成的，无疑是一件用于采掘的实用工具。包括这件特大型铜斧在内，所有上述古铜矿遗址出土的斧和锛，都是采用直装木柄。阳新港下古矿冶遗址出土的06号铜锛，全长6.8厘米、銎长3.5厘米、銎宽3.1厘米。在其旁边发现有一细木柄，粗3厘米×4厘米，长约30厘米，一端砍削成扁圆尖形，有明显的纳銎痕迹，将木柄尖端纳入06号铜锛銎内，正好套合。

木柄直装，很显然是当时斧、锛这类采掘工具的最佳选择，它既便于

长江流域的铜矿资源及其早期开发

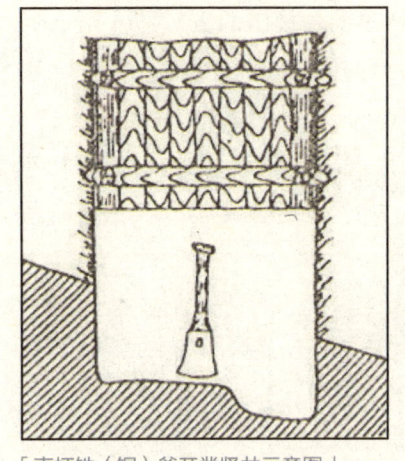

「直柄铁（铜）斧开凿竖井示意图」

手持木柄冲击岩层，也可以与锤配合使用。

上面提到的工具破碎主要有两种方法：一种是用直柄铜斧（铁斧）立于岩面之上，使斧刃嵌入岩面的缝隙之中，在斧柄上端用锤夯击，从而使岩石胀裂。另一种是当开掘平巷遇到坚硬的岩石层时，矿工们就将绳索系在直柄铜斧（或铁斧）的柄部，然后再将它悬挂在平巷支架的顶梁上，利用水平方向的冲击力量来凿碎岩层。如采用大型铜（铁）斧，由于其重量大，加上横向冲击的作用，能产生较大的冲力，足以凿碎一般的岩层。这种方法在当时的技术条件下，应是一种行之有效的挖凿井巷的方法。

随着井巷的开拓，保障安全成了至关重要的事情。尤其是长江中下游铜矿带的许多矿床都处在围岩松软的破碎带中，随时有崩塌的危险，于是，古代矿工们发明和发展了一整套木构架支护技术。这些木构件都是预先在地面设计和制作，然后在井下边掘进，边装配的，既节省了时间，也利于施工。

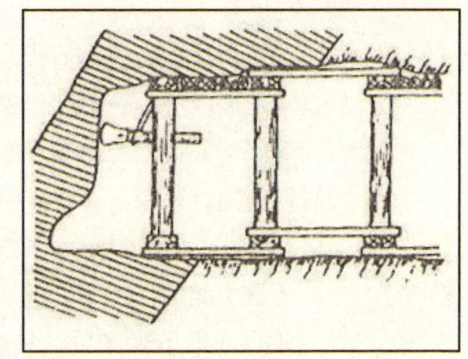

「直柄铁（铜）斧开凿平巷示意图」

在竖井底部与横巷相通的地方，或设有马头门，或不设。马头门是一副立方形框架，用四根两端带榫头的圆木把上下各四根横木穿接而成。马头门的高度，与横巷的高度一致。马头门的四侧，凡与横巷相通的都敞开，凡不与横巷相通的则放有并排的木棍作为背板。一座马头门通常连接一条横巷，也有连接两条横巷的。早期竖井马头门所用木料较细，用圆木，晚期的用料粗大，出现方形木柱。

铜绿山古铜矿发展至战国时期，开采系统已

「支护框架平面图及四壁展视示意图」

非常完整，开采水平相当高，在1号矿体第24线发掘出的古矿井开拓系统颇具代表性。它是开挖到一定深度后，便向两边掘进中段平巷，在中段巷道的中部或一端，下掘盲井直到采矿场。

上述木架支护结构是处于铜绿山、港下、铜岭等松软围岩矿区的上古矿工们经过长期实践和分析比较而选定的，历经2000多年仍能较完整地保存下来一部分，说明当时所采用的各种支护方法是科学的，也是行之有效的。因地制宜、简单实用的支护技术，既确保了当时矿工的生命安全，也保证了高品位的矿石源源不断地被采掘出来。

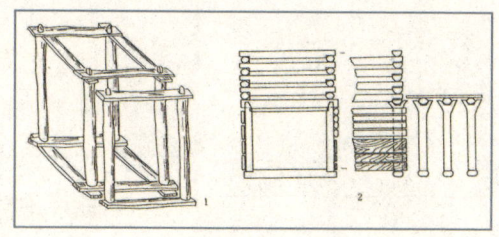

「马头门结构示意图」

综上所述，至迟在商代，我国的地下采矿技术已经兴起，铜岭井巷支护技术的规范法，表明商代采矿技术已发展到一定高度。西周时期是我国古代铜矿开采技术的初步发展期，采矿技术环节趋于完善。春秋晚期至战国时期，随着铁制工具在矿山开发中逐步推广应用，凿岩技术得到突破性发展，采矿技术不断创新。战国晚期则是中国传统采矿技术体系的形成期。

（三）提运

矿石采掘出来之后，只有将矿石提升至地面，才算达到了采矿的目的。因此，矿石的提升也是采矿过程中的关键一环。

> 铜陵古矿井的考古发掘表明，这里有人工提升和辘轳类机械提升，对于采掘较深的矿井，多使用分级提升，逐段地把井下矿石运到地面。

人工提升多出现在早期，它是用双手相互交错地握住绳索，一段段地向上提升。辘轳等木制机械的出现，大大提高了工效，成为井下提升技术的一大进步。

现在所知最早的辘轳实物是铜岭古铜矿遗址中出土的一件商代的半成品，辘轳两侧有5个对称凸块，既可作扳手，又可约束井绳在中间低平槽内。

长江流域的铜矿资源及其早期开发

「装载工具」

「装载工具」

轮面有两孔通至轴部,应是添加润滑剂的流孔。

在各古矿井中,还出土有用来装载和运输矿石、废石的工具,主要有铲、锹、耙、锄、箢箕、竹筐、藤篓、木钩、绳索等。

铲、锹、耙、锄等器物有木制、竹制,也有铁制的,大冶铜绿山战国中晚期的矿井中出土有铁制的锄、耙等工具,表明了采矿工具的进步和铁制工具的逐步普及。

(四)通风、排水、照明

通风、排水、照明是保证矿采顺利进行的必要条件,而且矿井愈深,这些制约因素就愈加突出。不过,这些问题在当时已得到了较好的解决。

铜绿山、港下、铜岭、麻阳等古矿井都是采用自然通风的方法。如考古发掘者认为,"从现在的调查材料看,皖南古铜矿矿井是靠自然通风,皖南古代铜矿开凿深度均在氧化界以上,深度在10~20米左右,最深约40米。这样的深度,只要有两座以上的井口,井下就可自然通风。"

战国时期的铜绿山古矿井深近百米,同样是采取了自然通风的办法。虽然井深达百米,同时开采的中段也多了,但由于直通地面的井筒不少于7~8个,且井巷相连,四通八达,几乎没有独头巷道,靠开拓工程的布局而实现了自然通风。此外,还在有的井底发现20~30厘米厚的竹材燃烧灰烬及残留的竹篾,加热井内的空气造成负压,这时新鲜空气由其他井筒前来补充,从而形成空气的对流。这在夏初秋末地表空气滞流的季节,是有作用的。

当矿井挖到一定深度,即深入到潜水面以下之后,排水就成了一件大事。铜岭等古矿井发现的大型排水水槽,表明至迟在西周早期,矿井的防水排水技术已臻于成熟。

> 铜岭等古矿井发现的大型排水水槽，表明至迟在西周早期，矿井的防水排水技术已臻于成熟。铜岭古铜矿中出土水槽4个，横断面呈U形，槽长205～234厘米，宽28～32厘米，用大圆木刳成。港下古矿井出土的圆木长达360厘米、宽43厘米、深约10厘米，用直径60厘米的大圆木刳成。

春秋时期，井下开采有了完整的排水系统，在铜绿山古矿井中所发现的排水设施，水道就有三种形式，即巷道、木质水沟和大水槽。水槽多节相互连接，在木槽连接处都涂有一层青灰泥以防渗透。并且当水槽不可避免地通过提升矿石的竖井或主巷时，便在这一段木槽的上面铺垫一层木板，使之成为一条暗槽。现代科技人员曾作过一次排水实验，表明其设计颇为合理，水能通过弯弯曲曲的木槽而流向排水井方向。

储水水仓或设在井底，或利用低凹的废巷道。将积水排入到水井或水仓后，再用木桶、绳索、木钩、辘轳等工具提出井外。诸如木制瓢、桶等排水工具在各古矿井中均有出土。

> 用于照明的遗物出土于各大矿井中。铜岭古铜矿遗址中出土一件完整的陶䍐，陶䍐下有数根火烧过的竹签，陶䍐底部留有烟炱痕。竹条含有油质，易于燃烧，长竹签应是当时矿井内作照明之用的。麻阳古矿井内出土一种陶豆，也可能是一种井下照明用的灯具。

总之，当年的矿工在狭窄、昏暗、多水甚至缺氧，而且只能弯腰屈膝行进和操作的巷道里劳动，手脑并用，深掘精选，把一篓又一篓高品位的矿石送到了地面，创造了卓越的业绩。

铜矿石的冶炼

炼铜是从烧陶技术发展起来的，因为炼铜必须具备两个条件，即高温与还原气氛。古代只有从事烧陶的人才具有这两方面的丰富经验，因为陶窑的高温能保证陶器烧得坚硬，窑内气氛的准确控制能烧出各种优质的陶器。我国新石器时代的制陶术高度发展，但陶窑终究不是炼铜的理想设备，原因之一是效率太低。不断改进的结果，我国的炼铜工艺较快地由地炉、半地炉焙炼过渡到了半连续操作的竖炉熔炼，从而进入炼铜的成熟阶段。

（一）古冶炼遗址

在先秦时期运输条件极为不便的情况下，为减少运输量，采冶兼并，以炉就矿，就地冶炼的措施被广泛采用，因此，在长江中下游铜矿带上较多地发现了冶炼遗址。

在瑞昌古矿冶遗址中，出土有大量的炼渣堆积和成片的红烧土层，应是当时炼铜炉的遗迹。

在皖南，古冶炼遗址的分布较为广泛，其中以南陵江木冲、铜陵万迎山、木香山三处时代最早，上限可到西周晚期。

在阳新港下古矿冶遗址中，也出土有带烧瘤的烧土堆积物，其结构与铜绿山遗址中炼炉的炉壁相似，也应是古代炼铜炉的残迹。

> 铜绿山古矿冶遗址在1976至1979年间三个阶段的发掘中，共清理出保存较好的春秋时期炼炉8座，以及炼炉周围堆积着的大量炼铜炉渣等，是目前所发现的数量最多的先秦时期的炼炉。

（二）炼炉

铜绿山出土的炼炉都是竖炉，是炼铜成熟阶段的产物，足以代表当时在该领域的水平。

铜绿山春秋时期的竖炉构筑方法相近，尺寸大体相同，主要由炉基、炉缸、炉身三部分组成。

筑炉为炼铜，竖炉的生产效率如何，根据已经发掘出土的竖炉残迹只能略作推算。为探个究竟,中国社会科学院考古研究所铜绿山工作站在10号古炉发掘现场的附近,修筑了两座仿古实验炉。鉴于风口的数量等尚属未知因素,两座实验炉的炉身设计不同,即1号炉设风口1个,2号炉设风口2个。至于已知的各部分和诸因素,一律力求与古炼炉相同。两座实验炉做成之后,分别在两种不同的天气条件下做了两次仿古炼铜实验:

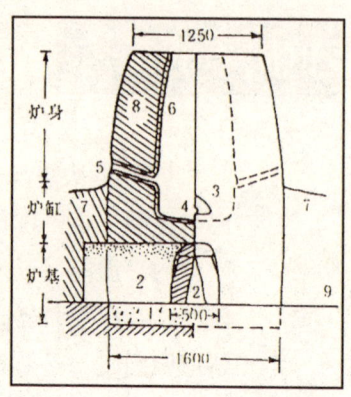

「炼炉复原图」

1号炉实验时,晴天无风,由于只有一个风眼,虽用一台小型电动鼓风机送风,风压和风量仍显不足,木炭未能充分燃烧,以致在炼出粗铜约2千克沉积于缸底之后,炼炉即出现冻结。

2号炉实验时,阴雨有微风,用一台小型电动鼓风机同时向两个风口鼓风。长约10个半小时的冶炼过程进行顺利,投入矿石、溶剂等物料1300余千克,木炭600余千克,先后排渣14次,放铜2次,炼出红铜100余千克。经化验,红铜的含铜量为94%~97%,炉渣的含铜量为0.837%。

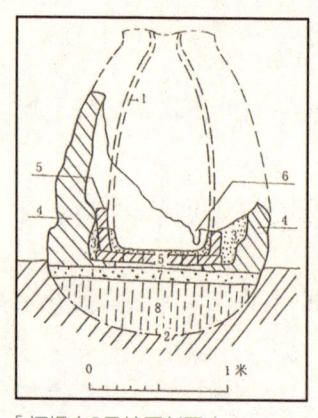

「柯锡太2号炉平剖图」

这是两次颇有意义的实验,1号炉的失败和2号炉的成功,可以说都达到了设计要求,可谓相得益彰。

成功的实验,验证了已知的各种因素,也得以掌握未知的各种因素,表明铜绿山春秋时期炼铜竖炉的生产效率是较高的,其中并包含着许多较复杂的技术特征。

(三)冶炼技术

结构合理、筑炉材料先进的炼铜竖炉为炼出优质红铜提供了保证。

炉料基本上由三部分组成,即铜矿石、木炭、铁矿石。

铜矿石经人工破碎、手选后,矿石含铜品位高,平均可达24%,使竖炉易于还原出金属铜,回收率也比较高。考古发掘还证实,在春秋早期的矿工们已知道原料粒度对冶炼的影响,从而把原料进行加工整理。铜绿山古冶炼遗址出土的孔雀石粒度都比较规整，一般为2厘米×3厘米×1厘米左右。碎料台旁经过筛分的铜铁矿石粒度一般0.3~4厘米。炉料粒度适当，比较均匀，其作用能减少炉气阻力，增大反应物之间的接触面积，有利于炉气均匀分布，节省燃料。这一重大技术在当时的应用，就目前我国的考古发现来讲，是比较早的。

木炭既作燃料，又是还原剂。铜绿山炼铜竖炉周围较多地遗存有木炭。4号炼铜炉风沟左边堆积有厚约4厘米的木炭屑，面积0.16平方米。铜绿山附近有一座山，名为"栎林山"，栎林山生长的栎木应为当时当地炼铜所用，栎木炭的机械强度足够支撑炉料的重量，比较适于作为竖炉炼铜的燃料和还原剂。

铁矿石是作为熔剂被投入到竖炉内的，它生成的氧化亚铁与二氧化硅结合，能减少炼渣内二氧化硅的含量，使炼渣的粘度降低，改善渣液的流动性，从而便于排渣，使炼铜工作顺利地连续进行。

配矿与造渣。配矿技术的出现，是保证冶炼顺利进行的重要条件。因为如果不能辨别不同的矿物，不知道按重量比例配料，就不能达到理想的渣型。而铜矿石的熔炼，其实质就是熔炼炉渣的操作过程。炉渣的性质和特征决定着熔炼过程的好坏，亦即造渣的好坏就是熔炼进行正常与否的重要标志。

铜绿山春秋早期的炼铜竖炉造渣良好，具体表现在以下几个方面：
(1)炉渣有着合适熔点。
(2)渣的硅酸度合适，流动性能好。
(3)渣含铜较低，说明铜矿石中的铜被最大限度地提取。
(4)炉渣的比重用比重瓶法测定为3.5%~4.0%，说明炉渣的比重较小，而铜液在1200℃时的比重为7.81，可见渣与铜的比重差较大。比重差愈大，则沉淀作用愈完全，铜液与炉渣分离愈好。

上述良好的渣型，说明当时配矿技术的成熟。

在考古工作者进行仿古模拟炼铜时，铜炉中的炉料也是如此采用物料平配计算方法，将几种不同的矿石配制后入炉熔炼的，并获得圆满成功。

春秋时期的炼铜工匠，在没有现代化学分析手段的情况下，能将几种矿石平配得非常合适并造出良好的渣型，是反复实践的结果，他们的聪明才智，保证了在春秋时期我国已能用竖炉连续地冶铜生产。

从铜绿山古矿冶遗址中遗留下来的面积约14万平方米，数量估计为50万~60万吨的古代炼渣，还可推算出铜绿山矿石累计产铜不少于8万~12万吨。

在皖南古铜矿遗址中，迄今已在15处先秦时期的冶炼遗址中发现当时遗留的炼渣，其总量为100万~200万吨，是需冶炼数10万吨铜才能形成的。在麻阳古铜矿遗址，根据遗留下来的炼渣堆积量估计，也炼出粗铜8000吨。

总之，长江中下游各古铜矿生产出的粗铜数量既巨大、质量也高，为当时青铜铸造业的兴盛繁荣提供了坚实的物质保证，是我国古代青铜文化得以昌盛的雄厚基础。

铜料的去向

中国的铜矿资源所具有的既广泛而又相对集中的分布特点，决定了红铜原料的生产和青铜成品铸造的分工，这种分工的出现可能已早到商代。

> 早期铸铜业的中心在中原地区，为诸夏所掌握，而几个大的红铜产区则分布在中原的周围，其采冶者是当时的所谓蛮夷戎狄。中原王朝势力向周边的推进，与为获取铜锡资源不无关系。

在先秦时期，"国之大事，在祀与戎"，祭祀与战争的物质基础便是青铜，红铜于是成为了当时最重要的战略物资，对铜资源的控制也就具有生命线的意义。为控制与争夺长江中下游铜矿带所生产的红铜，商周时期在这里曾演出一幕幕悲喜剧。这里所采冶的据保守估计也在数以万吨计的铜料，大部分被输往中原，对推动中国古代青铜文化的发展有着极其重要的影响。

长江中下游铜矿带的早期开发，极大地促进了该地区社会、经济、政治、文化的发展。楚、吴、越先后崛起，北上争霸；楚文化后来居上，博大精深，等等，无不是建立在丰裕的铜资源基础上的。

商代长江流域的青铜器

商代的青铜器,已在长江流域广泛出土。其中,四川广汉三星堆两个器物坑,江西新干商墓,湖北盘龙城商代遗址、墓葬以及湖南地区,出土尤多。各地出土的商代青铜器不仅数量众多,铸造精美,而且文化内涵丰富。

中原商文化的南渐

商取夏而代之，在中原地区建立了中国历史上的第二个王朝。接着，殷人踏着夏人的足迹，继续经营南国。古本《竹书纪年》记："成汤二十一年，商师征有洛，克之。遂征荆，荆降。"《吕氏春秋·异用篇》也记载："汉南之国闻之曰，汤之德及禽兽类，四十国归之。"可见早在商朝初期，殷人便长驱南进，所向披靡。殷人以其先进的青铜冶铸技术为先导，同生活在长江流域的土著民族进行了文化交流。

聚居于长江流域的部族本来就多，已经相当复杂的文化面貌，随着中原文化的输入，而更加丰富多彩。在夏商之际已经踏上青铜时代门槛的长江流域，在商代更加快了进入青铜时代的步伐，出现了若干各具特色的文化区。

> 约而言之，有以早期蜀文化为代表的成都平原文化区，以盘龙城遗址为代表的两湖文化区，以吴城文化为代表的鄱阳湖文化区，以湖熟文化为代表的宁镇文化区，以马桥文化为代表的太湖平原文化区，以及江淮文化区。

蜀王国器物坑出土的青铜器

在上游地区，只有川西平原发展起来的早期蜀文化一枝独秀。

作为早期蜀文化的代表，三星堆遗址经过一系列的考古发掘，逐渐向世人露出了其本来面目：该遗址由6个大的遗址区域组成大型的遗址群，总面积达12平方千米。在遗址的东、西、南部，发现了巨大的城墙，东城墙长1800多米，西城墙长800多米，南城墙长约210多米。调查和勘探结果表明，三星堆古城东西长1600～2100米，南北宽1400米，现有总面积2.6平方千米，城墙的始筑年代约当中原的早商时期，时为三星堆文化第2期，被确认为商代蜀王国都城的废墟。

三星堆遗址中还发掘有房屋基址40多间，开间一般较大，面积在

商代长江流域的青铜器

「三星堆文化时期的城墙遗址」

15～30平方米左右，其中一间大房子进深8.7米，开间23米，面积达200平方米。此外，还出土有大量的陶器、玉石器等。

在三星堆遗址中所发现的巨大的城墙、密集的生活区、居住区、作坊和众多的文化遗迹、大批珍贵文物，都显示出三星堆遗址的重要意义，闪耀出早期文明的曙光。而三星堆文明的时代之早，表明它是与中原夏商王朝平行发展的又一个文明中心。从此，令人颇感陌生的古蜀王国开始展现在人们的面前。

1986年在三星堆南城墙外侧连续发现的两个"祭祀坑"，出土近千件青铜器、金器、玉石器、象牙以及大量海贝等。如此重大的发现，彻底改变了人们对于古蜀王国的传统观念，认识到商代的古蜀王国，也是一个拥有灿烂青铜文化的文明古国，是一个充满着神秘色彩、令人神往的所在。

一号"祭祀坑"发掘于1986年7月。"祭祀坑"呈长方形，口大底小。坑口长4.5～4.64米，宽3.3～3.48米；坑底较平，长4.1米、宽2.8米、深1.46～1.64米。

坑内出土金、铜、玉、石、骨、陶、象牙等质料的文物300余件，以及海贝和约3立方

「三星堆1号祭祀坑」

米左右的烧骨碎渣。根据器物的叠压情况，推测这些器物是按一定次序放置的：首先投放玉石器，然后投放金杖、铜人头像、铜人面像、铜罍、铜尊等大型铜器，再倒入烧骨渣，最后放置陶器、陶器座、铜戈等器物。

时隔不到一个月，2号"祭祀坑"在距1号"祭祀坑"30米处被发现。2号坑为长方形竖穴，坑壁微斜，长5.3米、宽2.2～2.3

「三星堆2号祭祀坑」

米，深1.4～1.68米。

坑内器物分上、中、下三层堆积叠压，其投放时也是有一定先后次序的：首先投放的是海贝、玉石礼器、青铜兽面、凤鸟、小型青铜杂件和青铜树枝、树干等，其次再投入大型的青铜容器、青铜立人像、人头像、人面像、树座等，最后投放象牙。

两座"祭祀坑"出土的器物以各类青铜器为主，既有神奇的立人像、装扮各异的人头像，兼具人神特质的人面像，代表古蜀先祖的纵目兽面像等青铜雕像，又有象征扶桑、若木的铜树，神秘的菱形眼形器、眼泡和太阳形器，还有各类礼器、兵器等。

（一）三星堆的人物雕像

这批青铜雕像铸造得形态各异，大致可以分为以下几类：

第一，与真人形象大体相同，具有一定写实性的器物，如立人像、跪坐人像、人头像等。

立人像出土于2号坑，通高262厘米，重180余千克。由方座和立人像两部分构成。方座高78.8厘米，由台基、台座、台面三部分组成。台基呈覆斗状，素面。台基上铸有4个呈连体结构的首状卷鼻兽面，每头兽的鼻子正对台基转角。兽头上两个大耳相并而立，口内牙齿外露，显得狰狞怪诞。在兽面连体上，又架置一正方形平台，人像即立于平台之上。

立人像头戴花状高冠，冠顶中间似盛开的花形，两侧似叶。冠下段饰两周回字形纹图案，两两相对。立人粗眉、大眼、高鼻、阔口、方颐大耳，两耳垂下各穿一孔。脑后侧有两个斜长方形孔，似为插笄之孔。颈细长。左臂上举，左手置于鼻前，右臂平举，右手与胸平齐，左、右手腕各戴3个镯。双手极度夸张，握成环形，拇指特大，指甲突出。左手拇指与其他四指相抵。右手拇指与食指、中指、无名指相抵，小指留外。

「立人像」

商代长江流域的青铜器

> 立人身上穿的衣服,可以看出至少有两层:里层为前后开片的鸡心领左衽深衣,深衣前裾平齐,长度过膝;后裾较前裾长10厘米,两摆角下垂,使后裾呈燕尾状,可称得上是世界上最古老的"燕尾服"。

深衣下半段有两周纹饰。在深衣外层还套有外套,亦为左衽。肩上另有一背带,从右肩斜绕至左腋下,最后两端在臂后结节。右侧为竖直相间排列的目纹和虫纹;左侧为上、下两组相同的两尾相对的龙纹,龙纹高冠,有角、羽刺、球形爪、分尾,身卷曲;左背面也有一卷龙纹。从立人华贵的衣饰及其装扮上,也可看出这尊立人像的身份和地位非同一般。

立人两小腿上各饰一方格形的脚镯,赤足,五趾突出站立于方座之上。

立人神情庄严,神态肃穆,其身份或认为是蜀王的形象;或认为系象征当时蜀人中的群巫之长;或认为系既非蜀王亦非巫师,而是蜀国一位大巫吏或大祭司。

「跪坐人像之一」

跪坐人像在1、2号坑皆有出土。形体都很小,从姿态上看有半跪式、跪坐式的区别。

1号坑出土的1件,宽脸,方颐,竖直方耳,耳垂穿孔。圆眼,双眼正视前方。张口露齿,神态严肃。头发由前向外梳,再向前卷,似作扁高髻形。上身穿右衽交领长袖短衣,腰间系带两周,下穿窦鼻裤,一端系于腰前,另一端系于背后腰带下。脚上套袜,两腕上各戴两镯,双手扶膝,跪坐。

2号坑出土跪坐人像8件,形态略有差异。其一额部带支页,面部戴面罩。粗眉,橄榄核状立眼,大耳,三角形高鼻尖,阔口,闭唇。身着对襟长袖衣,腰间系带两周,两手置于胯间,五指细长,正襟危坐,表情肃穆。

「跪坐人像之二」

其二与之面部表情、衣着均相同,唯两手按腹,左腿弓立，右膝着地，呈跪坐之姿。两脚赤裸，各有一小穿，或推测是悬挂于某种器物之上的。

人头像在1、2号坑皆有出土，仅2号坑即出土41件。这些头像有大有小，据形态可分为4种不同的类型。

A型36件。平顶、阔眉、杏叶形大眼，颧骨低平，高鼻梁，大嘴，嘴角下勾。两大耳斜直，耳垂下有一圆穿。长发梳向脑后，上端束扎，似插笄，发梢编成辫，垂至颈部。短颈，颈部下端前后铸成倒三角形。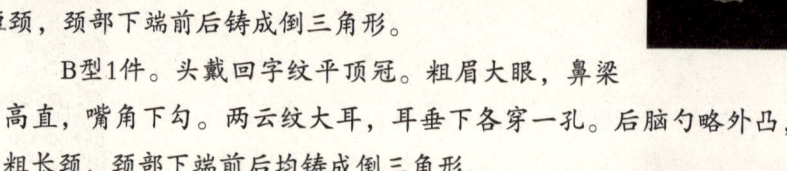

B型1件。头戴回字纹平顶冠。粗眉大眼，鼻梁高直，嘴角下勾。两云纹大耳，耳垂下各穿一孔。后脑勺略外凸，粗长颈，颈部下端前后均铸成倒三角形。

C型3件。圆头顶，无帽，粗眉大眼，蒜头鼻，嘴角下勾，两云纹耳，耳垂下各穿一孔。后脑较圆，发向后梳理，饰蝴蝶形发笄。颈上细下粗，下端铸成倒三角形。

D型1件。圆头顶，有发辫盘于头上，发际线齐耳根。粗眉大眼，高鼻梁，鼻尖略向上翘，嘴角下勾。耳较圆，饰云纹，耳廓至耳垂穿3个小圆孔，耳上方留短鬓发。颈较粗，前下端铸成倒三角形。

另外，还有几件金面人头像，整体构造由铜头像和金面罩两部分组成。其中一件为圆头顶，面部戴着面罩蒙至头顶，面罩上又铸出与金面罩大小相同的轮廓线。倒八字长眉，杏核状丹凤眼，蒜头鼻，阔口，闭唇。长条形耳廓，饰云雷纹，耳垂穿有一孔。金面罩由金皮制作而成，与人头像紧密贴合，大小、造型均与人头像面部特征相同。

另外一件金面人头像为平顶，头发向后梳理，编为发辫，发辫垂于脑后，上端束结。面部戴面罩，倒八字长立刀眉，杏眼，直长耳，耳垂下各有一穿孔。蒜头鼻，鼻梁较直。阔口、闭唇。粗颈，颈以下铸成倒尖角形。金面与人头像面部紧密贴合，仅眉、眼、头、颈等处镂空，其余均贴金，光灿耀眼。

1号坑也出土人头像10余件，可分成3种不同的类型。

商代长江流域的青铜器

总之，这些人头像造型多样，装扮各异。有的尖着圆头顶，面部或蒙面，头发向前拉起，发梢藏于面罩内，脑后别上蝶形发笄，既漂亮又精神十足；有的在面罩上又包贴金面罩，显得富丽堂皇；有的头戴双尖角形头盔，仅露后脑勺，面部还蒙有面具，头发敛于头盔内，显得威武凶悍；有的头戴"回"字纹冠冕，显得严肃庄重；有的头戴辫索状"帽箍"，予人以淳朴敦厚的感觉；有的头上铸成子母口，周围设有4个小圆穿孔，推测原也戴有冠；有的将发辫末梢聚成一撮顶在圆圆的头上，呈"椎髻"之状；更多的是为平顶，头发向后梳理，结成长辫垂于脑后。人头像不仅有着冠状、发式和面部特征的区别，部分人头像还曾经彩绘过，或在宽大的眉梢上描以黛色，或在阴线刻出的眼眶周围描上深蓝色的眼影，在扁阔的唇旁涂上朱丹，甚至连鼻孔和耳孔中也涂有朱色。

这些经过刻意铸造和精心装扮的人头像，或者就是要表现出各不同民族或部族的风俗习惯。

第二，某些部位经强烈夸张而显得怪诞奇异的器物，如人面像、纵目兽面像、兽面具等。

人面像在1、2号坑皆有出土，共20余件，在出土的所有青铜器中，其数量仅次于人头像。有大、中、小三种，小者宽不及10厘米，大者宽达60余厘米。外观形制较接近，可分为几种不同的型式。

A型，1号坑出土。高6.5厘米、宽9.2厘米。宽脸，圆下颌，粗眉，大眼，尖鼻，大嘴紧闭，两云雷纹形小耳，耳垂穿孔。

B型，2号坑出土。仅1件，形体较大，宽61厘米、高41厘米。方脸，脸的长与宽基本相等，两侧面颊微鼓。长眉、眉较平，杏叶形眼。三角形鼻，鼻梁宽肥，直长。方下颌。阔口，嘴紧闭，嘴角下勾。长方形耳，耳较长，上端超过面像边缘，耳垂有孔。

C型，6件，2号坑出土。形制较小，宽约18厘米，造型相同。长方脸，脸瘦削，斜直刀眉，杏眼，三角形鼻，鼻梁较

直，鼻尖微弧。阔口，嘴角下勾。方颐，下颌周缘较直。长方形耳，耳垂穿孔。

D型，12件，2号坑出土。形制中等、宽约40厘米。方面、宽额、长刀眉、眉较平，三角形鼻，鼻梁短直，鼻头肥大。长方形竖耳，耳较短，耳垂穿孔。面部两颊微内收，宽方颐，下颌向前斜伸。额正中两眉之间铸有2厘米×2.3厘米的方孔一个，两侧耳部上端靠前处也凿出4.5厘米×4.2厘米的方孔。

> 人面像(面具)是巫术文化的重要组成部分，其作用是在宗教活动中用于祭祀祈祝，或戴在头上进行模拟表演，以驱邪逐疫，后者在中国古代又称"傩仪"。

具有巫术性质的人面像在新石器时代便已出现，为陶塑而成。商周时期，"傩仪"成为祭祀鬼神、驱逐邪疫的重要礼仪。

三星堆的青铜人面像显然不是戴在人头上的，镶嵌在木质建筑或泥质身躯上作为装饰的可能性则要大得多，它们在宗教活动中主要是用于祈祷，是担任人与神沟通的媒介，而不是接受祭祀的神灵，更不是用于驱逐邪疫的表演。

(二) 三星堆的兽面雕像

纵目兽面像共3件，2号坑出土。其中小者2件，大者1件，形制基本相同。大者阔眉大眼，眉尖上挑。双眼斜长，眼球极度夸张，直径13.5厘米，凸出眼眶16.5厘米，前端略呈菱形，中部有一圆镯似的箍，宽2.7厘米，眼球中空。短鼻梁，鼻翼呈牛鼻状向上内卷。

「纵目兽面像」

「纵目兽面像」

大嘴，两嘴角上翘接近耳根。双耳极大，耳尖向斜上方伸出，呈桃尖状。额中部有一个10.4厘米×5.8厘米的方孔，可能原安装有额饰，面像的左右两侧上下各有一个小方孔。通高65厘米、宽138厘米。另有一件在额头正中有一以补铸法安装的额饰，呈夔龙状，外卷角，身、尾向上内卷。

这几件器物似人非人，似兽非兽，与同出的人面像相距甚远。除了长方形的脸与人脸有某些相似之处外，其他主要是体现兽类的特征。如长而尖的耳似象耳，口缝很深，吐舌，鼻翼呈漩涡状卷起似牛鼻，下颌向前伸长等。至于眼睛呈柱状向外伸出，更是现实生活中所不存在的，为想象的产物。

在古蜀历史的传说记载中，蜀之先王蚕丛为纵目人，《华阳国志·蜀志》记载："有蜀侯蚕丛，其目纵，始称王，死作石棺石椁，国人从之，故俗以石棺石椁为纵目人冢也。"纵目兽面像的出土，证实了纵目就是向前长突的眼睛，将其与蜀之先祖蚕丛联系在一起是合情合理的。

> 对于"纵目"一词，历来有各种不同的解释，或认为纵目人是"神"，是对神的崇拜，这种神是在"眼睛上刺青"，即在眼球上刺纹；或认为纵目人是"千里眼"和"顺风耳"的综合体；或认为纵目即眼球向外长出，但这是有违人体结构的，因而遭到怀疑。

纵目兽面像揉人面与兽面于一体，融威严与善良于一身，且和谐得体，反映出早蜀文化与中原文化不同的社会意识和宗教观念。

兽面具出土于2号坑，共9件，形制有所区别。

其一，兽面身尾向两侧展开并上卷，其内为外卷的两角。长眼

「兽面具」

「兽面具」

脸，呈S形，由鼻部直达身尾；眼球呈圆角四边形。阔口，至端部微向下卷，口部用黛色画出齿格。上、下两侧外缘有镶嵌的4个小圆孔。宽27厘米、高12.2厘米。

其二，由兽面和夔龙两部分组成，除夔龙外，其余与前者基本相同。宽22.6厘米、高20.5厘米。

这种面具与商代青铜礼器上的兽面纹有惊人的相似之处，或认为与眼珠突出的雕像是同类神物。

> 在上述诸类铜像中，有两种最引人注目。一种是纵目兽面像，一种是立人像。这两种铜像在这群青铜雕像中处于最高层次，前者是被崇拜的偶像，后者是沟通神人的中心人物。

至于其他铜头像、铜面像，或许都是巫史之类的造像，但他们族属不一，有不同的面部特征和不同的服饰、发式、冠式等。从人类学和中国史籍对古代民族的划分标准来看，语言、饮食、服饰、发式、冠式等都是区别古代民族的重要标准。他们有氐、羌的，有西南夷的，可能还有不见经传的外来民族。

这些人头像、人面像和立人像一样，眼睛尽管很大，但无眼珠。巫史在中国先秦社会曾具有较高的社会地位，这种情况在文字形成之前或形成之初尤其如此。在文字典籍尚未出现的时代，知识——特别是神话、世系、史诗等都是靠口耳相传。盲人因视力的丧失，听力和记忆力往往特别强，民族知识也就掌握得特别多，因而成为有某种特殊地位的人物。直到已有文字的商代，仍将传播知识的学宫称为"瞽宗"。《礼记·明堂位》："瞽宗，殷学也。"《左传》襄公十四年正义引郑众说："无目，谓之瞽。"这群无眼珠的人面像、人头像很有可能就是一群瞽的形象。瞽在先秦总是与史并称，如见于《左传》、《国语》的"史为书，瞽为诗"，"瞽史教诲"即是。史与巫又本来是二而一的职业，因此这些人头像、人面像就是象征蜀国的巫史之属。

同出的半跪式和跪坐式的小人像，应是仆役。他们浓眉大眼，有眼珠。在诸多雕像中，唯他们有眼珠，似可反证他们的身份。

不同族籍的巫史形象集合在一起，或许能反映出古蜀国是一个由众多部族或松散、或紧密的联盟。

（三）天梯——铜树

2号坑出土铜树两株，1990年3月曾对铜树进行了一次预合，预合的铜树残高3.9米，这是1、2号坑出土的最高大的器物。

1号铜树底座略呈椭圆形，底座的下方是圆圈形座圈，周围环饰圆形纹和云气纹，座圈以上部分呈圆锥形，似穹窿状三山相连，山上亦有圆形纹和云气纹，以象征山上、山下云气缭绕，铜树就铸在这山形树座正中。铜树直杆，露根兜。树干上有3簇树枝，每簇3枝，共9枝。在前侧左右的两枝上，分别有2果枝，枝上有果实，一果枝

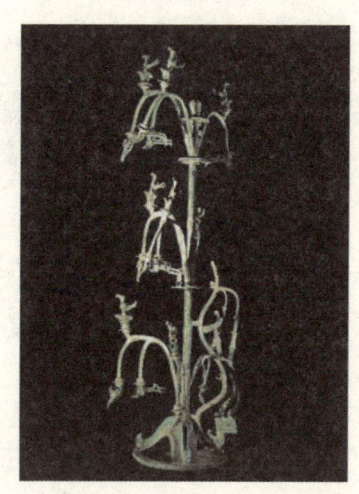

「铜树」

下垂，另一果枝向上承托果实，果实上站立一鸟；后侧的树枝上长有3果枝，其中两果枝向下，一果枝向上将果实托起，果实上也站立一鸟，全树共有27果枝9鸟。树尖残断，无法复原，树尖是否也站有一鸟，现已不得而知。

铜树究竟为何物，认为铜树分别是传说中太阳起居之所的"扶桑"和"若木"，是比较有道理的。

> 扶桑、若木皆有十日，二者应是可通称的。在扶桑树的十日中，九日在下，一日在上，也即九鸟在下，一鸟在上。而三星堆出土的铜树，也是枝分三层，每层三鸟即代表九日。铜树尖残缺部分则应还有一鸟，即还有一日，以合十日之数。可见，称铜树名"若木"是比较合适的。

这两株铜树应是古蜀人崇拜太阳的实物体现。上古时期，人们对太

阳的崇拜是比较普遍的，在中原地区，殷人也有崇拜太阳的宗教观念，对日神有朝迎夕送、朝宾夕饯的礼拜仪式，卜辞中的"宾日"、"日出"、"入日"就是这种礼拜仪式的记录。在古蜀地区，蜀人则直接以铜树来代表所崇拜的太阳。

（四）礼器

「铜尊」

在两座"祭祀坑"中，还出土有尊、罍、方彝、戈等青铜礼器、兵器，但不见中原地区的鼎、簋等器物。

尊共出土10余件，其主要形制有4种，即龙虎尊、三鸟三牛尊、三牛尊、六鸟三牛尊等。

六鸟三牛尊，尖唇，喇叭状侈口，束颈，斜折肩，斜直腹内收，高圈足。肩折处立雕4个突出的牛头，牛头上和相邻两牛头之间各铸一鸟。颈部饰3周凸弦纹，肩部饰夔纹，腹部饰饕餮纹，以云雷纹衬地，出3道扉棱。圈足上方镂3个椭圆形孔，饰3周弦纹。圈足下方饰变形夔纹组成的饕餮纹，以云雷纹衬地，出3道扉棱。出土时尊外表涂朱色，器内装海贝及玉器。

铜罍出土6件，完整的一件为方唇，窄沿，小敞口，短颈，折肩，深直腹，矮圈足。肩上立雕4个羊头，羊角上卷成云形，两眼突出。颈上饰4道凸弦纹，肩上饰夔纹。腹中间饰饕餮纹，以云雷纹衬地，饕餮纹外有连珠纹框。腹下近底部饰一周勾连云雷纹。足上饰夔龙纹。出土的器表涂朱色，内装一青铜凤鸟饰。

上述青铜器与河南及河北、安徽、湖北、湖南等地出土的商代同类器的风格基本一致，应是受中原商文化影响的结果。

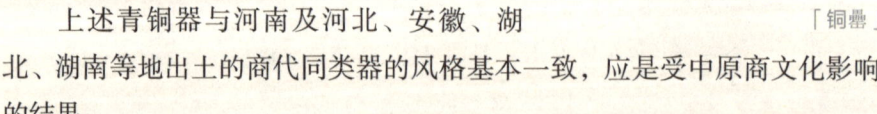

「铜罍」

尊、罍都是酒器，是储酒备酌的器物。罍有盖而尊无盖，二者往往配合使用。《礼记·明堂位》说：天子禘祭时，"尊用牺、象、山罍"，并说山罍是"夏后氏之尊也"，将罍归于尊属。此二类器物至迟在商代晚期成为蜀地的传统礼器，至西周时重要性更加突出，并逐渐形成了"列罍"制度。

戈形器在2号坑出土20件，形制略有区别。基本形制为窄细直援，援中起脊，直贯前锋，援两侧成锯齿形，无刃。方形宽阑，阑正中有一圆穿，直内。长度在20厘米左右。

这种三角形锯齿援戈，与"蜀戈"相比，只是将三角形援上下刃的直线变为锯齿形，由实用性器物演变成了礼仪用器。

（五）青铜铸造技术与装饰工艺

铸造技术　三星堆青铜器群在铸造技术上颇具特点，主要表现在以下几个方面：

其一，制模有整模制范、分模制范、凸凹范几种。凸凹范是这里使用较为广泛的一种制范方法，如人头像、人面像等器物都是用凸凹范铸出。这些器物器壁厚薄均匀，从器物内侧可以看出，器壁随着器外浮雕的凹凸而凹凸。其他器物凡铸出高浮雕装饰者，都是采用凹凸范铸出。

其二，铸造主要采用分铸法和浑铸法。

其三，焊、铆、热补技术。如大型面具(标本K2②：148)便是用焊接的方法将耳朵与脸颊相连。热补法主要用于某些器物在铸造时发生某部位的裂痕和缺陷方面。

其四，合金成分。通过对三星堆青铜器取样采用电子探针进行成分分析，其成分有红铜、铜锡、铜铅、铜锡铅、铜铅锡五类，并且是针对不同的器物采用不同的合金配比。在这批青铜器中，含锡量都较低，最高未超过9%，含铅量却相当的高，高达32.71%。大量地掺入铅，减少锡的用量，甚至完全不用锡料，主要是为了节省锡料。

装饰工艺　三星堆青铜器群在装饰工艺方面也颇具特色，主要表现在以下几个方面：

其一，匠心独运的造型艺术。三星堆青铜雕像群充分展现了古蜀人注重造型艺术和注入自身情感的艺术风格。其写实与夸张相结合的作品，具有强烈的感染力，是巴蜀大地青铜艺术中最杰出的部分。

> 写实和夸张，是三星堆雕塑艺术的两个重要方面，因铸造者技艺纯熟，所铸作品都形象生动，动作传神，达到了理想的艺术效果。

其二，纹饰繁简得当，浮雕平雕并用。三星堆青铜器上的纹饰，基本上可以分成动物纹和几何纹两大类。

总之，三星堆青铜雕塑艺术以一个充满神秘性、充满力量的有机构成，以及人性与神性的统一、抽象与具象的统一，将自己与东西方其他青铜雕塑艺术区别开来，从而树立起古蜀艺术鲜亮的旗帜。

中游地区的青铜铸造

长江中游地区尚未出土二里头文化时期的铜器，但在石家河文化遗址中出土过铜块，何况这里乃铜料盛产之地，制陶业也颇为发达，具备了铸造青铜器的技术前提，无疑早在新石器时代晚期即已踏上了青铜时代的门槛。随着南进的殷人带来先进的青铜铸造技术，该地区也就顺理成章地登堂入室，开始青铜器的铸造。

（一）江汉地区出土的青铜器

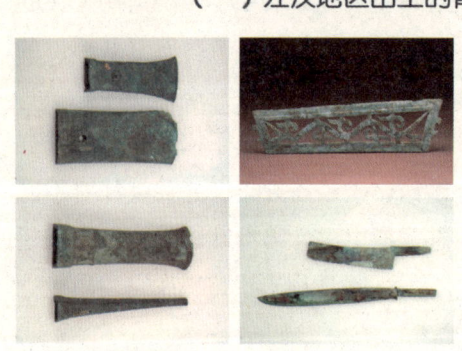

「盘龙城出土工具」

在湖北出土的商代青铜器中，以黄陂盘龙城出土的为最早，相当于商代早期，这也是长江流域出土的时代最早的青铜器群。

盘龙城的青铜器主要出土于墓葬。据1976年统计，当时盘龙城即已出土青铜器159件，器类达25种。之后在盘龙城周围的墓葬、遗址、窖藏等处又陆续出土青铜器200余件，盘龙城出土的青铜器总数达400多件。

见于报道的盘龙城出土的青铜器主要有工具，如锸、斯、斧、锛、凿、锯、鱼钩等；武器钺、戈、矛、刀、镞、镦；礼器鼎、鬲、甗、簋、斝、爵、觚、盉、罍、卣、盘，以及青铜面具等。

各墓随葬青铜器以李家嘴1号墓、2号墓居多。2号墓为男性墓，未经

商代长江流域的青铜器

扰动。该墓是一座长方形竖穴墓,墓长3.67米,宽3.24米,葬具为重椁单棺。椁板有精细的饕餮纹和云雷纹雕花,内侧涂朱。墓内随葬品除青铜器外,还有陶器、印纹硬陶、玉器等,还有三名殉葬者。从现有的考古资料来看,该墓是商代二里墓葬中规模最大、随葬品最多的一应系盘龙城的最高统治者。该墓出青铜钺,长41厘米,刃

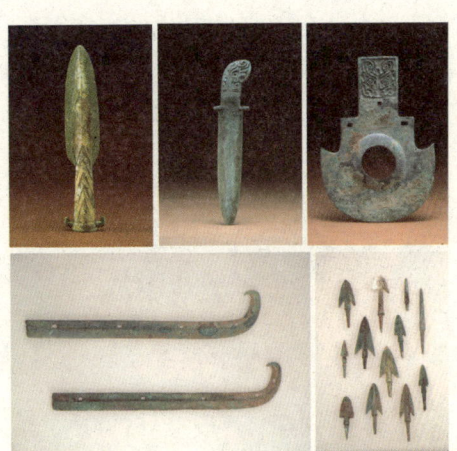

「盘龙城出土兵器」

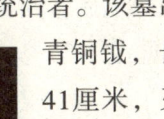

「盘龙城出土礼器」

宽26厘米,是目前所发现的铜钺中最大的一件。根据该墓的出土器物综合观察,说明墓主人生前是拥有很大军事统率权的统治者。

2号墓出土青铜礼器23件,其中酒器类有爵4件,斝3件,盉、觚及罍各1件;食器类有鼎4件,鬲、甗、簋各1件;水器类有1件大盘及5件小盘。酒器除1件罍外,其余都放置于棺与内椁之间,而食器则放在内外椁之间。椁内近棺,椁外远棺。这些器物与墓主人显然存在亲近与疏远的关系。也就是说,凡墓主人生前特别喜欢因而特别看重的器物,就置于身旁,而墓主人认为次要物件,则放在稍较远的地方。由此可见,商代早期的铜礼器已经是"重酒器的组合",而轻炊食器的组合,与西周中期开始"重食器的组合"有所不同。这或许能从一个侧面反映了"周礼"和"商礼"的区别。

「盘龙城李家嘴M2平面图」

「盘龙城李家嘴M2出土大铜钺」

「盘龙城出土的青铜礼器组合爵、斝、觚」

在中原夏商铜器墓中，酒器爵、觚、斝是最基本的铜礼器组合，以爵最为常见。在二里头遗址所发现的铜器墓中，如果只出一件铜容器便必定是爵，若有两件或更多的铜容器，其中必有爵。在郑州发现的15座商代铜器墓中，出爵者占80%，而其他铜礼器如鼎、斝、觚的出土率，各自只占30%～50%。在安阳殷墟，新中国成立前发掘的铜容器，以爵最多；新中国成立后在西区发掘的67座铜器（或仿铜器的铅器）墓中，也无一例外地有爵。

铜爵发源于中原地区，最早出土于河南偃师二里头文化遗址。

至商代二里冈期时，铜爵随着中原青铜文化向周边地区的扩展而同步扩散，反过来说铜爵的扩散，也大体代表着中原文化势力的扩张，尽管各地所见铜爵并非全部来自中原地区。盘龙城出土的以铜爵为代表的青铜器，就是中原商文化南进的结果。在盘龙城所发掘的11座墓中，除李家嘴3号墓出土1件斝，4号墓出土2件兵器外，其余皆出土有爵，李家嘴1、2号墓分别为4件和5件。

「盘龙城出土青铜器的纹饰」

铜爵的纹饰主要为兽面纹，以平雕为主，缺少层次，是全无立体感的平板表现；在纹样缝隙之间，也无地纹补衬，显得单调朴实，是典型的早商铜器特征。尽管如此，商代早期的艺术工匠，能将动物的写实描写，简化成至精而单纯的平面图案，还不失其动物体态，具象与抽象兼备，造型稚拙，

「盘龙城出土青铜器的纹饰」

商代长江流域的青铜器

「盘龙城出土青铜器的纹饰」

却线纹流畅,充分显现原始古朴的美感,这是颇令人叹服的。

盘龙城出土的青铜器在器类、形制、纹饰等方面无不与郑州二里冈出土的商器相吻合,表现出两地文化的高度一致性,而且,在李家嘴1、2号墓出土的铜甗、簋、提梁卣等器物为新发现的器类,大大丰富了早商青铜文化的内容。

这里出土的青铜器应是就地冶铸而成的,在盘龙城遗址中,发现了一些孔雀石、木炭、红烧土等,所需铜料应是就近取得。

这些铜器的合金成分并不稳定,有的铜约占81%~88%,锡、铅分别占5%~8%和1%~6%,有的铜含量相对偏低——约占71%左右,而含铅量高达21%~24%。总之,还未能掌握一个比较适当的合金比例,这种情况也和郑州二里冈期的青铜冶金术大体相同。

青铜器的铸造工艺已达到一定水平,1990年在这里出土的一件圆鼎高85厘米,是目前所发现的二里冈时期最大的一件圆鼎,它反映了当时的铸造水平。铸造方法是普遍使用了陶合范的通体浑铸,但也使用了分铸法,如对于卣的提梁、簋的双耳等器物的附件是先铸后再通体合铸而成的。从容器里侧平滑,器表花纹浮于器面的情况看,其铸造工序是先制模、模上雕花、再制内外范。从所出青铜器大小不一,花纹各异,未见两件完全相同者,其铸造应为一器一范。从铜器表面光亮,则可看出在范铸后已行打磨修饰。

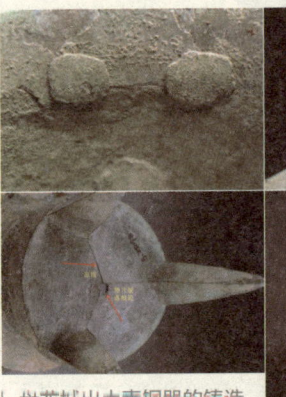

盘龙城出土青铜器的铸造工艺(范线、分铸、浑铸)

总之,盘龙城出土的二里冈期的青铜器,只

能视为中原青铜文化向长江流域的延伸。

湖北境内除盘龙城之外，还有多处发现商代青铜器，但主要分布在汉水以东和长江以北地区。在所出土的商代铜器中，有几件颇具代表性：

其一，为汉阳纱帽山出土的铜尊，高37.1厘米，喇叭口，腹微鼓、高圈足。器身饰满三层花纹，云雷纹衬底，颈饰蕉叶纹，其下作回首夔纹，腹部及圈足饰饕餮纹；在主纹的凸线条表面刻画脉络以为勾勒。圈足上有两个对称的不透空十字形镂孔。器身从上至下起四条侈出口沿的扉棱。圈足内铸铭文"天兽御"。全器铸造精工，纹饰富丽，其工艺水平之高，堪与殷墟出土的青铜器媲美。

「纱帽山出土铜尊」

其二，为崇阳汪家嘴出土的铜鼓。铜鼓出土于1977年，通高75.5厘米，重42.5千克。鼓身横置，鼓面呈椭圆形，鼓冠似屋脊的两面坡，鼓座作长方体中空。鼓面仿牛皮鼓面，光素无饰。沿鼓腔两端边缘各饰三周乳钉纹，为模仿木鼓蒙鼓面所用的钉。鼓身及鼓足饰云雷纹。目前所知商代铜鼓共2件，这是迄今所见最早的一件铜鼓，较之日本滨田耕作《删订泉屋清赏》所著录的双鸟饕餮纹铜鼓更为古朴。龙山文化遗址已出土陶制的鼓，甲骨文中也有鼓字，鼓的历史非常悠久。《礼记·明堂位》记："夏后氏之足鼓，殷楹鼓，周悬鼓。"《毛诗传》记："夏后氏之足鼓，殷人置鼓，周人悬鼓。"郑玄注："置读作植。"楹鼓、置鼓亦即建鼓，湖北随州市曾侯乙墓出土过1件。上述两件皆为足鼓，其为夏代的遗韵，抑或史籍记述有误，尚待考古资料印证。

「崇阳出土铜鼓」

其三，为江陵岑河出土的两件铜尊。两件铜尊形制基本相同，但大小有别，大尊口径57.8厘米、腹径38厘米、通高63.5厘米，重31.3千克；小尊口径46.2厘米、腹径34.5厘米、46.2厘米，重16.5千克。两尊均为大敞口，口沿上折，尖唇，束颈，略呈喇叭状。广折肩，斜直腹，下壁微内收，高圈足，足壁微外鼓。颈根部饰凸弦纹三周。肩、腹、圈足某些部位以云雷纹衬地。肩部雕铸3鸟3牺首，鸟身向外，作伏卧状，大头，长嘴钩喙，尾上翘。牺首长角，鼻口清晰。在鸟与牺首之间，饰3组对称的夔纹图案。腹、圈足各起3道扉作棱，扉棱间各起1组饕餮纹，饕餮纹由两条夔纹构成，尾下卷。圈足的三道扉棱之上各有1个镂孔。铜尊造型凝重，制作工艺精湛，立雕鸟和牺首比例准确，形象生动，浮雕饕餮纹疏密得当。这样的铜尊在江汉地区尚属首见。

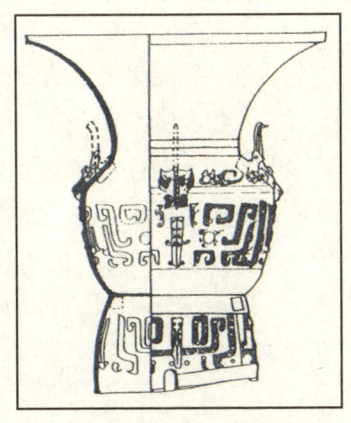

「江陵岑河铜尊」

湖北出土的商代青铜器既有以盘龙城青器群为代表的商代早中期青铜器，也有一部分商代晚期的青铜器。盘龙城青铜器群因为有殷人的直接参与，而在长江流域独领风骚，并足以代表着当时中原地区的青铜铸造水平。但属于晚期的那部分青铜器则无论数量还是铸造工艺水平不仅比中原地区逊色，也大大不如湖南、江西出土的同时期青铜器。

（二）湖南出土的青铜器

提起湖南出土的青铜器，人们自然会想到人面方鼎、四羊方尊，这两件出现在中小学教材中的器物，为人们所熟知。

> 湖南境内出土的包括人面方鼎、四羊方尊在内的商代青铜器，迄今已达300余件，是长江以南发现商代铜器最多的地区之一。

这些青铜器的出土地点涉及20多个县、市，但主要分布在洞庭湖周围，其中又以宁乡黄材最为集中，青铜器绝大部分出自窖藏，且均属商代晚期，尤以铸造精美和形体高大厚重而引人注目。

考古发掘成果表明，殷人至迟在商代中期已渡江南下，活动于洞庭湖周围地区。在湖南所发现的最早的青铜器也是在岳阳铜鼓山、石门皂市遗址的商代中期地层中出土的小件青铜兵器、工具，如镞、削、泡等。湖南虽不及湖北有紧邻中原地区的地理优势，因近水楼台先得月而率先铸造了大批青铜器，却是后来居上，在商代晚期铸造了一批青铜精品。

湖南出土的商代青铜器基本上可以分为两大类：一类为礼器，如鼎、甗、簋、尊、卣、方彝、罍、瓿、觥、爵、觯等。

上述礼器器类既多，器形更繁，以鼎、尊尤为突出。鼎有方鼎、分档鼎、圆鼎之分，尊有方尊、圆尊、兽形尊之别。在兽形尊中，还有豕尊、象尊、牛尊等因仿效不同的动物形象而存在着造型上的区别，显示了当时造型艺术的发展水平。

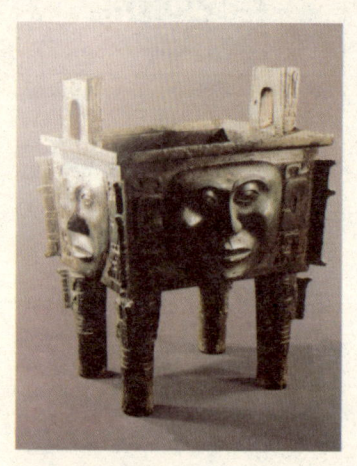

「人面纹方鼎」

1959年在宁乡黄材出土的人面纹方鼎高38.5厘米、口长29.8厘米、宽23.7厘米，重12.85千克。体呈长方形，口卷沿，立耳，深腹。器身四面各浮雕一个人面：人脸较宽，双耳肥大，颧骨高起、鼻梁尖削，双唇紧闭突出，表情肃穆，从形象看有今天中国南方人的脸型特点。有人认为，在商代青铜纹饰中，人面纹饰主要出现在商代后期，并且一般都或多或少地带有半人半兽的特点。有的虽然为人面，但总要雕成半人半兽的样子，或人面兽身，或头上有长角，或口中有獠牙，这是由于商人崇拜鬼神的缘故。如此鼎在人耳上面有勾角状物，人耳下有兽爪，应是古代文献中"饕餮"的形象。还有的人认为古文献中记载黄帝有四面，此器大概与"黄帝四面"的传说有关。但不管解释有多少种，艺术总是来源于生活的。此器五官毕具，部位准确，应是根据当时人面铸造的，这是毫无疑问的。器身四角及足上部有扉棱，使鼎显得庄重。器内侧中部近口处，铸铭文"大禾"。"禾"字象形，是谷子抽穗时，谷穗沉甸甸下垂时的形象。此鼎可能是殷人为庆祝丰收而铸造的，也可能是为祈求丰年而铸造的礼器。

鼎的颜色翠绿，晶莹如玉，是典型的"绿漆古"，经化学分析，合金的成分：铜67%、锡12.66%、铅11.94%，合金比例是恰当的。

以半浮雕的4个人面为主要纹饰的青铜器，不仅未见于其他实物，就是在当代金石著作中也未见记载，是我国古代青铜器中极为罕见的一件珍品。

1975年出土于醴陵狮形山的象尊，通高26.5厘米。此尊设计精巧，造型凝重雄浑，纹饰繁丽生动，是商代青铜器中不可多得的精品。有关著

商代长江流域的青铜器

录如《商周彝器通考》曾著录三件象尊,但都已流失国外,这是我国现存唯一的一件。象尊惟妙惟肖,其鼻端作凤首形,凤冠上伏卧一虎。鼻中空,用作流,与腹腔相通。鼻下端有一倒悬的蟠虺,额上方饰涡状的蟠虺纹。身部及四腿分别饰饕餮、虎、夔龙和凤鸟等图案,并均以云雷为地。铸造精工,形象生动。

「象尊」

「豕尊」

1981年出土于湘潭县的豕尊,全长72厘米、通高40厘米。豕尊造型逼真,其两眼圆睁,平视前方,两耳招风,长嘴上翘,微微张开,犬齿尖长。背上鬃毛竖起。四肢刚健,臀、腹部滚圆,被活灵活现地塑造成一个膘肥体壮、孔武有力的野猪形象。其头部饰阴刻的兽面纹,腹背为鳞甲纹,四肢和臀部为倒悬的夔纹,并以云雷纹衬地。整个花纹精美峻深,但并不显得繁缛。用猪的形象作为器形,在我国现已出土的商周青铜器中,绝无仅有,故弥足珍贵。

1977年出土于衡阳市郊的牛尊,通高7.4厘米、长19厘米。尊成水牛形,由器盖和器身两部分组成。盖的前端为牛头,以牛口为流。盖上站一虎,是为提手。躯体丰腴,四肢粗壮,显得稳重浑厚。颈和背部饰有扉棱。全器以云雷纹地纹,并以粗线条组成夔龙和羊的图案为主纹,纹饰精细繁缛。牛形尊小巧精致,为仅见。

「牛尊」

1938年出土于宁乡月山铺的四羊方尊以其造型之雄奇,成为已出土

「宁乡出土四羊方尊」

的商代青铜器中的翘楚之作。该器高58.3厘米、口长52.4厘米,重34.5千克,是现存商代青铜器中最大的方尊,器表漆黑发亮,是典型的"黑漆古"。全器自上至下,纹饰繁缛,自口沿以下至肩部,饰精美的蕉叶纹和夔龙纹带;肩部四周有蟠龙一条,龙头探出器表。自肩至足的四角,立雕四只大卷角绵羊,绵羊嘴巴微张、眼睛温忱,神态自在,其温顺宁静的性格,被刻画得淋漓尽致。羊的背部、胸部饰鳞纹,腿上饰凤鸟纹,圈足上饰夔纹、云雷纹,线条刚劲光洁。此器工艺设计新奇,集线雕、浮雕、立雕于一器,把平面图像和立体的雕塑结合起来,把动物形象和器皿的实用性有机地融为一体。如此让世人倾倒的艺术精品,只有具备卓越的写实才能,并有着丰富想象力的天才雕塑艺术家,才可能创作出来。

> 四羊方尊以羊作为纹饰主题,《说文解字》:"羊,祥也。"这应是一件象征吉祥的礼器。

在湖南出土的以动物形象作为装饰的器物中,饰"羊"的器物是较多的,除四羊方尊外,还有:

1958年湖南省博物馆收藏三羊纹甗一件,其腹部饰三个羊头,并各衔一足。

1966年于华容出土三羊饕餮纹尊一件,肩上饰有三个卷角羊头。

浏阳曾出土青铜羊头饰一件,重0.5千克,通高13厘米、宽14厘米、面部高6.6厘米、宽8.5厘米,面部为一面具状,器物造型庄重,纹饰精美,应是晚商重器上的装饰附件。

这些饰"羊"的器物,各具特征:

其一,羊体半露,脸谱清晰,身蹄同塑,形象逼真,以四羊方尊为代表。

其二,羊首造型大,头部突出,呈浮雕

「三羊纹甗」

状，羊角弯曲向两侧面外伸，以青铜羊头饰、三足饕餮纹尊为代表。

其三，在鬲、鼎的袋足上阴刻羊面形纹饰，以三羊鬲为代表。

"羊"饰也见于殷墟出土的同期青铜器，但与湖南青铜器羊饰的特征差异十分明显。

「戈卣」

1970年出土于宁乡黄材的戈卣，高37.7厘米、口径15.4厘米、腹径22厘米，重10.7千克。卣是酒器，《尚书·洛诰》记"鬯二卣"。《诗·大雅·江汉》记"鬯一卣"。所谓"鬯一卣"，就是香酒一壶。这件扁圆体斜肩宽垂腹纵向提梁式卣，提梁位于器身的正面和背面，与一般的提梁卣之提梁位于卣的两侧不同。卣的最宽处位于腹部中线以下，重心低，整器给人以稳重感。

卣的盖、腹和圈足上均铸有高浮雕鸟纹，尤其是腹部的鸟纹，头上有冠，钩喙利爪，是右脚已向前迈出，左脚正欲抬起的时刻，把一支正欲捕食的猛禽形象刻画得栩栩如生。器颈有浮雕式鸟头兽纹一周，提梁上也饰夔龙纹，两端铸立雕式兽头。

该器造型变化多端，纹饰华丽繁缛，浮雕式的凤鸟，静中寓动。而从盖、腹一直到足的四条高大棱脊随物赋形，更增加了器物的庄严肃穆感和沉稳而又神奇的气氛。

卣身通体黑漆，光洁发亮，晶莹如玉，是典型的"黑漆古"，提梁却是翠绿色，为"绿漆古"。这说明它们是分别铸造的，因合金比例不同，故经过3000多年的氧化而形成了不同的颜色。

总之，该卣和上述其他几件礼器一样，在铸造技术、装饰工艺等方面都表现出高超的水平，丝毫不逊色于中原出土的同期青铜器。

湖南出土的另一类商代青铜器是乐器铙。大铜铙是我国南方商周青铜器中最具特色的一类，目前所见仅出土于两湖、江浙、福建、江西和广西。初步统计共43件，其中以湖南出土最多，达23件，另外，江西9件，湖北2件，安徽2件、浙江3件、广东、广西、福建江苏各1件。按时代分，商代28件，西周早期15件。而湖南又以宁乡为主，占22件。

宁乡的大铜铙都是商代晚期的。这里最早出土的一批是1959年在老粮仓师古寨山顶一土坑内发现的,共5件,出土时下层4件,两件一排,上层1件,均口朝上。5件铙的纹饰主纹都是以粗线阴纹组成兽面,其中两件鼓部饰浮雕虎纹,两件鼓部饰浮雕象纹。重50.75~70.5千克。

1983年,在黄材月山铺转耳仑山腰,发掘出大铜铙1件,纹饰主纹为粗线阳纹组成的大兽面,两面隧部各饰一对相向而立的浮雕象纹。该铙通高103.5厘米,重221.5千克,为目前所见的铜铙之王。

「大铜铙」

宁乡出土的大铜铙,形体雄伟厚重,纹饰精美。这种大型的打击乐器,使用时口部朝上,底柄插入木座中,击之声音洪亮。

> 铜铙是一种军乐器,《周礼·地官·鼓人》记:"以金铙止鼓"。在军队退却时,用击铙来指示停止进攻的鼓声,也就是古书中所说的"鸣金收兵"。但用于军旅的铙,一般较小,而宁乡出土的大铜铙至大者重达225千克,用于军旅显然是不方便的,因此大铜铙在当时多用于盛大的祭祀。

湖南出土的上述两大类商代铜器大部分出自窖藏,窖藏多位于山顶、山坡、山麓、河岸湖边或台地上。殷人是特别迷信鬼神的,重视对祖先和自然神的崇拜,因而祭祀繁多,甲骨文中大量的关于各种祭祀的记载就充分证明了这一点。殷人所祀对象除祖先外,还有山川、星辰、风雨、土神等,每次祭祀都要用大量的牺牲和礼乐器,每次祭祀完毕之后,这些礼乐器可能即被就地掩埋起来,从而为后人留下了丰厚的文化遗产。

湖南出土的大量商代青铜器至少有一部分是为湖南本地所铸造的。在石门皂市发掘出土的铸铜遗迹包括铜渣、炼铜炉等,表明当地在商代中期已开始铸造铜器,并且显然是接受了中原商文化影响的结果。

商代长江流域的青铜器

湖南出土的青铜礼器因为殷人的南下而被深深地打上了中原商文化的烙印，与中原同期青铜器有着相同的风格，这也是有人认为这里出土的礼器是来自于中原的原因。

形制　一些器物如尊、簋、卣、鼎、觚、爵、觯等与中原同期同类器形制完全相同。

纹饰　礼器上盛行兽面纹、夔纹等，尤其以主纹上阴刻云纹并使用云雷纹为地的"三层花"为最具特色，且盛行扉棱，浮雕的兽面等装饰手法。这些也与中原商器一致。

铭文　部分礼器上有族徽文字和铭文。族徽文字如🅐、戈、旅等都是中原地区常见的。又如铭文"作宝尊彝"，无论内容、格式、书体都与中原地区的一致。族徽是族的标志，如果说铸造技术、器形、纹饰等尚可从其他地区、其他文化中学习借鉴，那么族徽之类是不可能直接加以移植的。由此可表明该地区出土的青铜礼器与中原商文化渊源之深。

铭"🅐"的器物在湖南商器中已发现6件，如宁乡的癸卣、己鼎，湘潭的觯和父乙爵，益阳的父乙罍及湖南省博物馆收藏的父丁爵。🅐，是商代的望族，铭🅐字族徽的铜器至少在百件以上。据统计，有出土地点者18件器，河南9器，以安阳殷墟出土者居多，可证🅐族是殷人无疑。

"戈"也是商代望族，湖南发现铭"戈"的商器有3件，即宁乡出土的卣，湘潭的觯，湖南省博物馆收藏的"庚父戈"鼎。其他各地发现的铭"戈"字单体族徽的铜器在百件以上，根据对有出土地点的19件铜器分析，或认为"戈族的原住地应该以陕西泾阳和河南安阳两地的可能性较大"。

湖南出土多件铭🅐、戈等族徽的铜器，表明这两个氏族的一部分在商代后期已迁至湖南境内，他们是随武丁征荆蛮南下而未返，还是其他原因所致，不得而知。

铸造技术　各类礼器普遍地显示出高水平的铸造技术，如出土于湖南宁乡的四羊方尊，羊角上面有分范铸痕，陶范吻合严密，弯曲弧度虽大，表面精度甚高，其铸造工艺已达到当时的先进水平了。

青铜器的风格主要体现在器物的形制、纹饰、铭文及铸造技术等各个方面，上述情况表明，湖南出土的青铜礼器与中原商器有着广泛的一致性，有人因此认为这里的礼器是南下的殷人从中原带来的。

湖南出土的商代礼器也还是有一些自身特征的，主要表现在以下几个方面：

独特的造型风格 或体大而重，如湘乡出土的爵，高32.8厘米。中原妇好墓出土的所谓"空前大爵"，也只高30厘米。华容出土的牺首兽面纹尊，高达72.4厘米，也比中原的尊高大。或奇巧而秀丽，一部分器物以立体的动物形象作为造型，如象尊、牛尊、鸮卣等，极具写实倾向，与中原出土的鸟尊、兕觥等庄严古朴而图案化意味颇浓的同类器相比，显得自然清新。相传出于湖南的"虎食人卣"，构思奇特，造型诡异。这种"人兽母题"似有巫术寓意，有待进一步研究。

装饰手法别具一格 如宁乡出土的人面纹方鼎，四壁各以一个浮雕的人面作为主要装饰，在青铜器中实属仅见。以动物作为装饰，较普遍的有两种，一种为虎，一种为羊。羊饰如前述。虎饰如"虎食人卣"，全器作虎形。虎纹大铙的鼓部装饰乃至控制内腔音量的物体，也是虎；象尊的鼻、身躯和足上，装饰有13只虎；牛尊盖上的提手也是虎；至于一件略显轻薄的大钺的纹饰，也令人赏心悦目，与中原习见的那种令人触目惊心的凶猛虎纹的大钺有明显不同的风格。虎纹、羊饰在这里的商器上盛行，或许是与这里的生态环境有关。当初这里的自然条件适宜于虎、象之类的动物生存，而羊已成家畜，土著居民与之共处，或受其害，或得其益，而无不熟知其形象，深谙其习性，这就刺激了他们摹写禽兽形象的欲望。再加上出于巫术的创作动机，铸造出如此风格独具的青铜器，应是不足为怪的。或以为羊饰、虎饰与图腾有关，这也是可能的，但无从考定。

合金配比有别 湖南所出商器有相当一部分不是漆黑发亮的"黑漆古"，便是翠绿如玉的"绿漆古"。这除与湖南的酸性土壤有关外，还与合金配比有关。化验结果显示，湖南商器含锡、铅量较中原为高，含锡、铅较多，既可降低铜的熔点，又可增强铜器硬度和光泽度。尤其值得注意的是通过同位素源X射线荧光仪对华容的圆尊、桃源的方彝盖、石门的提梁卣、"父乙"簋、湘乡的大爵、宁乡的铜斧、铜削、铜镞等进行检测，都含有锑。而中原出土的青铜器大都不含锑。这可能是由于湖南的锑矿资源极其丰富，而在铸铜加入锡、铅成分时混入了锑的缘故。

商代长江流域的青铜器

根据以上的情况予以判断，我们似乎可以这样认为：当㑒、戈等氏族的一部分南下时，带来了部分铭有族徽的铜器，与此同时还带来了先进的铸铜技术，与土著相结合，利用当地丰富的铜、锡原料而铸造了大批的青铜器，并理所当然地融入了浓厚的中原商文化因素。

湖南出土的另一类商代青铜器大铜铙无疑是在本地铸造的，大铜铙有着非常典型的地方特征，主要表现在以下几个方面：

其一，形制上，湖南所出大铜铙高大厚重，最高达103厘米，最重达221.5千克，而河南安阳和温县所出同期的铜铙最大的高仅21厘米，小的高仅7.7厘米。南方铜铙大多数甬上有旋，而北方的铙均无旋。

其二，纹饰上，湖南大铜铙纹饰繁缛，一度流行以粗线条组成的兽面纹为主纹，后以云纹为主纹，这在北方铙中未见，其他器物上也罕见这种作风。湖南大铜铙满身纹饰，而中原铙的纹饰极其简单，显然有别。

其三，冶铸上，南方大铙有用纯铜铸制的，如一件象纹铙含铜量高达98.22%，另一件乳钉铙含铜量也高达92.78%，属纯铜型。使用纯铜铸铙或许是处于冶铸技术初级阶段的反映。《考工记》说："六分其金而锡居其一，谓之钟鼎之齐。"也就是说青铜乐器中，锡的比例以16.5%为宜。因此，大铜铙当中，虽不乏数百斤重的庞然大物，但冶铸水平并不高。在中原地区似未见用纯铜铸造的铙。

其四，出土情况方面，湖南大铙多出自窖藏，可能为祭祀后的遗物，而中原铜铙多出自墓葬，且多三、五件一组成套出土，说明其用途不同。湖南大铙要植于座上仰击，而中原铜铙则是要一木柄手执而鸣，故二者击法也不同。

其五，演变情况方面，以湖南所出铜铙为代表的南方大铙发展演变连贯清楚，其演变线索为：主纹圆凸的兽面纹铙→主纹平扁上有云纹的兽面纹铙→云纹铙→乳钉纹铙→有枚铙→甬钟。而中原地区的小铙看不出其自身的演变序列，到西周早期已基本绝迹。

大铜铙的族属应是越人，一方面大铜铙的出土地点主要分布在长江中下游地区，这里为百越聚居区；另一方面，长江中下游铜矿带的早期主人是越人，他们是拥有者兼采冶者，只有在拥有丰裕的铜料的情况下，才可能铸造含铜量达98.22%的大型铜铙。越人在吸取中原地区先进的青铜铸造技术的基础上,就地铸造了一批在商周青铜器中独具特色的器物。

总之,湖南出土的商代青铜器,造型奇特,纹饰秀丽,气魄雄伟,有凝重浑厚的风格,是中国古代青铜文化宝库中的一颗明珠。

(三) 江西出土的青铜器

随着考古工作的逐步展开,曾被视为蛮荒之地的江西也有了惊人的发现,这里在商代时同样有着发达的青铜文化。

江西商代的青铜文化主要分布在鄱阳湖—赣江中、下游地区,而以赣北地区最为密集,东和东南已达武夷山下进入闽地,西和西北至湘赣边境和幕阜山下,北和东北可达长江沿岸和皖赣交界的山区。

> 这支青铜文化因主要遗址发现于清江(今樟树市)吴城村,而被考古学者命名为吴城文化。

吴城文化的遗物发现于20世纪50年代,经过1973至1986年先后6次的科学发掘,揭露面积2700余平方米,计清理房基两座,灰坑和窖穴60个,陶窑13座,小型墓葬18座,水井两口,长廊式鹅卵石路面2条。出土陶、铜、石器以及铸造青铜器的石范(铸型)千余件。

吴城遗址被划分为三期,大约是从商代中期延续至商末周初。出土遗物表现出浓厚的土著文化特色,如有一批别具特色的生产工具,一批造型奇异的器物群,丰富多彩的几何印纹陶器,运用广泛的釉陶和原始瓷器,难以释读而失传了的文字等等。在青铜铸造工艺方面,因大量使用石范,以及红铜和青铜兼而铸造,表现得较为原始。

就在人们对于吴城文化的认识趋于一致的时候,新干商墓的发现和发掘,大批随葬品的出土,为进一步研究吴城文化的性质提供了极为丰富和宝贵的资料。其中尤其引人注目的是青铜器的大量问世,足以让人们了解商代江西地区的青铜文化发展水平。

新干商墓发掘于1989年下半年,出土青铜器475件,可分为礼器、乐器、兵器、工具和杂器五大类。

礼器 礼器共48件,由炊器、食器和酒器组成。炊器有鼎、鬲、甗3种,38件;食器仅盘和豆2种,2件;酒器只见贮酒、盛酒和注酒器,如壶、卣、罍、瓿、瓒5种，不见饮酒器。

在礼器中，数量最多的是鼎，共30件，占52件礼乐重器的60%，比例如此之高，在已发掘的商代墓葬中为仅见。器形最丰富的也是鼎，鼎形上即有圆鼎、方鼎、瓿形鼎、鬲形鼎4种。圆鼎共出土21件，分为柱足圆鼎、锥足圆鼎和扁足圆鼎3种。

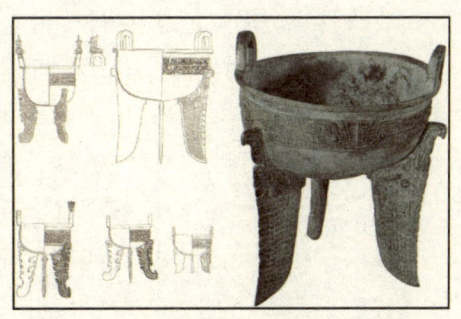

「新干大洋洲出土扁足圆鼎」

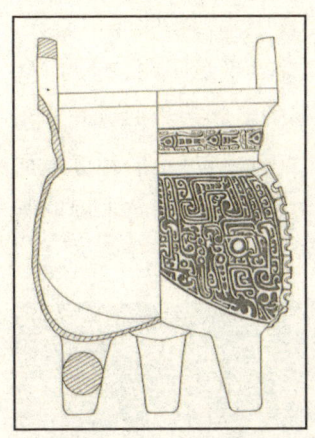

「鬲形鼎」

在鼎足有别的这三种圆鼎当中，又以扁足鼎为最多，达14件，而柱足仅4件，锥足3件。

方鼎共6件，可分为虎耳方鼎、立耳方鼎、双层方鼎三种。

瓿形鼎、鬲形鼎分别为2件和1件。

鼎是商周最具代表性的器物，鼎的大小、多寡成为地位和等级的象征。新干商墓出土各型铜鼎达30件之多，墓主身份之尊是不言而喻的。

但从上面所述可知，各型鼎的数量与组合形式是较独特的。

根据有关文献著录和出土的实例可知，商代青铜器形制的主流，是那种直耳、柱足、深腹、圜底鼎。容庚先生在《商周彝器通考》中收入已见著录的商鼎52件，共中圆鼎31件、鬲形鼎2件、方鼎13件、扁足鼎6件；郭宝均先生在《商周青铜器群综合研究》中，统计出20世

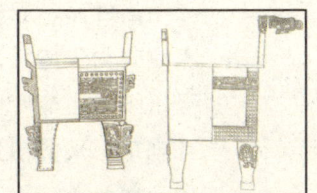

「新干大洋洲出土方鼎」

纪30年代至60年代前期出土的商鼎53件，其中圆鼎41件、鬲形鼎9件、方鼎2件、扁足鼎1件。殷墟妇好墓出土铜鼎36件，其中圆鼎26件、方鼎4件、扁足鼎6件。总之，圆鼎最多，方鼎、鬲形鼎次之，扁足鼎最少。新干商墓的出土情况与之正好相反，扁足鼎多达14件。

新干商墓出土的扁足鼎中，虎耳虎形扁足圆鼎7件，立耳虎形扁足圆

鼎2件,立耳夔形扁足圆鼎1件,鸟耳夔形扁足圆鼎2件,鱼形扁足圆鼎2件。虎形扁足鼎共9件,占全部扁足鼎的67%。

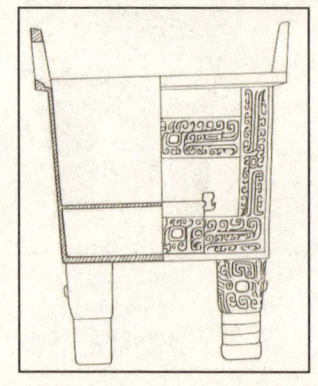
「新干大洋洲出土方鼎」

扁足鼎最早见于中原地区,1982年在郑州一窖藏即出土两件商代中期的扁足鼎。这种鼎型却直接出现在赣江流域,新干商墓出土的23号扁足鼎为斜折沿、方唇、双立耳、浅腹、圜底、三扁平夔纹刀形足,腹部饰连珠纹两周,间以斜角雷纹、目纹。该鼎的整体造型和刀形夔纹足与郑州所出相同。

在新干商墓所出的青铜鼎中,除个别器物如瓿形鼎之外,大都可以从中原商代的遗存中找到相同或相似者,除上述扁足鼎之外,还有柱足圆鼎、锥足圆鼎、方鼎等。相同者即具有典型殷商文化特征的器物不多,较多的器物是相似者,即在形制、纹饰等方面与殷商式基本相同,但在某些方面进行过不同程度地加工和改造,使其在纹饰或形制方面带有一定的地方特色。在所有不同形制的鼎中,扁足鼎应是被加工和改造程度最深的一种。

在9件虎形扁足鼎中,有7件耳上铸有虎形,耳上卧虎双耳耸立,凸目,口略张,露出三角利齿,展体,屈足,尾巴上卷。鼎足是呈圆雕状的变体虎形,目圆凸,口大张,三角齿外露,展体,曲背,屈足,上卷尾,末端收为尖钩状,背有勾戟状凸脊。虎身饰云雷纹,尾饰变形鳞片纹。总之,此类鼎从耳到足,从造型到装饰都以其独特之处强调地方特色的存在。

「虎形扁足鼎」

这种虎形扁足鼎除新干商墓出土9件外,20世纪70年代中期在清江(今樟树市)三桥横塘也曾出土过,二者相同。可见这种形制的铜鼎在赣江流域颇为流行,并在这里所有鼎型中成为最主要的一种。

虎形扁足鼎除14号(标本号)鼎通高62.4厘米,形体高大之外,其余形体皆较小,而且所有扁足鼎的外底不见烟炱痕迹,与圆鼎、方鼎不同,

商代长江流域的青铜器

足证扁足鼎的功用并非熟牲之用，而是用来升牲的，或许起着与周代的升鼎相同的作用。

虎饰是新干商器上出现最多且最富特色的一种，而虎耳虎形扁足鼎则是集中展示虎的不同风采的器物，从而成为当地居民因崇虎而备受青睐的对象。

「四羊罍」

在新干商墓中，青铜鼎无疑是居主导地位的，其中又以扁足鼎最为突出。仅此一点，便可知商代赣江流域的土著文化有着与中原文化相区别的礼制，其他出土礼器也同样证明了这一点。

新干商墓的礼器组合是鼎、鬲、甗、盘、豆、壶、卣、罍、瓿、瓒，不见中原商文化青铜礼器中的爵、觚、尊、斝、盉、方彝、簋等器物，尤其是没有爵、觚、斝这三种中原地区的商文化中最基本和最常见的酒礼器。甚至在出土的陶器中也少见酒器，在新干商墓出土的356件陶器中，能确认为酒器的仅斝1种，4件。

「提梁方腹卣」

根据已有的考古发掘资料所得出的结论，"商代觚、爵、斝的配合大体相当于周代鼎、簋的配合，同样是区分贵族身份的重要标志器"。殷墟妇好墓即出土铜爵40件，觚53件、斝12件，合计约占全部酒礼器的70%。新干商墓作为当地高级贵族的陵墓，没有使用觚、爵、斝，证明这里对中原商文化礼制的引进吸收是非常有限的，奉行着一套有着自身特色的礼仪制度。

礼器的组合不仅充分体现着使用者的生活方式，而且反映了使用者当时所处社会的礼制和文化的性质。

> 从考古学的角度看，器物的基本组合和变异程度是区分一种考古学文化类型的关键，变异的程度未超出一种考古学文化器物的基本组合的范畴，则是这一文化的一种类型，超出了当另划分出一种考古学文化。

新干商墓的出土器物，不仅以陶器中300余件炊器和盛食器对4件酒器的高比例，来表现出吴城文化居民与中原殷商文化居民生活习惯的不同，更以青铜器中40件食器对8件非饮酒用酒器的高比例，强调了两地社会礼制和文化性质的互异。这种互异性，即使在青铜食器的组合中也能体现出来的。

「铜鬲」

新干商墓中出土铜鬲5件，仅次于铜鼎数。铜鬲在中原商文化中心区却发现甚少，有人对殷式青铜容器的组合作过统计后，得出的结论是：至殷代晚期，铜鬲就从中原商文化的礼器中消失了。而下葬于殷墟期的新干商墓，出土的铜鬲不仅数量多，且造型、装饰各具特色，可分成圆肩鬲和折肩鬲两种。另外，该墓出土的陶器中，以鬲为大宗，达125件，超过陶器总数的1/3，足见鬲的使用在当地居民生活中具有举足轻重的地位。与此形成鲜明对照的是簋的出土状况，尽管鼎、簋按严格比例组成的列鼎制度至西周才形成，但青铜簋在商代中期出现后，在中原地区一直伴随着鼎出土，在商代中晚期尤甚。故在商文化中心区，簋的出土量仅次于鼎，新干商墓中却无簋出土。

新干商墓虽然充满着强烈的商文化因素，但在器类的选择和使用上保持着鲜明的个性；当地先民们不是被动地接受中原或其他地区传播来的先进文明，而是在接受的同时，不断地改进、变革和创新，使之与本地固有文化融合，并进而创造出深具地方特色的器物。

如扁足鼎无论是灵巧的造型、精美的纹饰，还是如雕似塑的扁足，抑或鼎耳之上威风凛凛的卧虎，栩栩如生的伏鸟，都颇具匠心，是中原商文化与地方土著文化的完美结合。

在扁足鼎之外，新干商墓所出礼器中，还有许多器物是经过改进与创新的，颇具特色。

大方鼎共出土6件，8、11、12号大方鼎，其形制和纹饰都与商代中期及商代中晚期之际的同类器基本相同，但双竖耳上都加饰有伏虎，有的口沿还饰以燕尾纹一周，是中原商代方鼎中所没有的。9、10号方鼎，虽

商代长江流域的青铜器

耳上无伏虎,但9号方鼎的兽面纹饰特别细,10号方鼎的扉棱特别突出,其足根部的扉棱尤为突出。13号方鼎为带门双层底,更为中原地区所不见。

「伏虎大方鼎」

四足甗1件,通高105厘米,器体庞大,气魄雄伟,是目前已发现的同类器中的形制最大者。甑鬲连体,甑盘口,口沿特宽,盘口内呈台阶状,双竖耳立于盘口上。深斜腹,腹内不见箅。鬲分裆较高,四足中空,足上部呈袋状,下为圆柱形,足底外鼓。双耳外侧环饰双重燕尾纹,耳上各立一幼鹿,一雄一雌,竖角较短,短尾上卷,回首相向而顾;鹿身饰类鳞片纹,腿足饰类云雷纹。口沿外侧饰斜角式目纹一周。甑腹上部饰四组上下界以连珠纹的环柱角兽面纹,鬲通体饰四组浮雕式牛角兽面纹。通体纹样线条粗犷而流畅。该器整体与陕西礼泉县朱马嘴出土的饕餮纹大甗相近,但竖耳上分立雄雌二幼鹿,回首相向而顾,耳外侧环饰双重燕尾纹,四足,这些都为晚商铜甗中所未见。

「四足甗」

假腹豆1件,通高13.6厘米、口径15.2厘米、盘深2.2厘米、足径9.7厘米。平折沿、方唇、浅盘,假腹微鼓,喇叭状高圈足。器表满布纹饰:平口沿部饰一周云雷纹,盘底中心饰一圆涡纹,盘内壁环饰一周斜角式目雷纹。腹部饰三组内卷角兽面纹。圈足上部以勾戟状扉棱作鼻,饰三组内卷角兽面纹,下部饰兽面纹一周和十字形镂孔3

「假腹豆」

个。全部纹样除盘中心圆涡纹阴刻外，其余均为凸线条的阳纹。这种假腹豆的造型与樟树吴城遗址出土的假腹陶豆、高圈足假腹瓷豆基本相同，与郑州二里冈出土的假腹陶豆也相近。此件铜豆显得偏矮，圈足粗宽，纹饰中的圆涡纹、斜角式目纹、十字形镂孔等在中原地区常见，但圈足上部突出的戟状扉棱具有明显的地方特色。这同样是当地先民在模仿中原地区铜器的同时，在造型和装饰上进行改造的结果。

在新干商墓出土的青铜礼器中，也有由当地土著独自创造的器物，如假腹盘、瓿形鼎、三足提梁卣、折肩鬲等。

假腹盘1件，平折沿，方唇，外腹圆而微鼓，内明底为圜底，较浅；外腹下暗底亦为圜底，但外底为高圈足所遮，圈足自上而下略外撇。因有明、暗两底，对暗底来说，为深腹，对明露的浅底来说，腹是假的，故称假腹盘。宽环耳自腹接于厚唇上。这种造型的

「三足提梁卣」

「假腹盘」

盘在中原地区少见。盘腹部纹饰以突扉棱作鼻，饰四组外卷角兽面纹，臣字目，展体，单尾上卷。左右下侧面各饰一夔纹相配。圈足上饰四组由双夔构成的兽面纹，长方形目。近腹部处有"T"形镂孔4个。腹部与圈足上的兽面纹及扉棱相互对应。宽环耳上饰双羊角虎面，双目为漩涡状鼓突。纹饰中的扉棱和双羊角虎面等，无疑是当地居民的独创。

瓿形鼎2件，形制基本相同。圆唇，窄沿，双立耳，短颈，弧形溜肩，鼓腹，近平底，三蹄足外观若柱形，断面呈半环状。30号鼎的纹饰除颈部为二道凸弦纹外，肩部纹带以云雷纹作地，衬托着9组展体夔纹。上腹部纹带较窄，中饰14条双尾鱼，下腹部纹带甚宽，满饰重回字、编织纹组成的几何形图案。足外

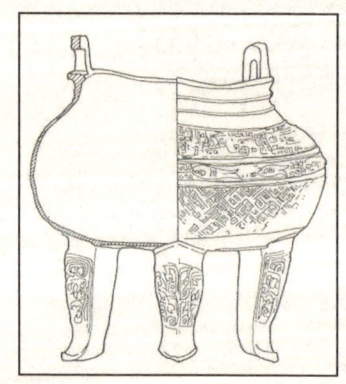
「瓿形鼎」

侧饰省体兽面，环柱角，臣字目眶，线条粗犷，具浅浮雕效果。该器或许是由圈足瓿改铸而成。

总之，新干商墓所出青铜礼器与中原十分近似，尤其是铜瓒的出现，直接证明了这里受中原商文化影响的程度，但青铜礼器的组合却又与中原有着较大不同。各种现象表明新干商墓所属的吴城文化并不属于典型商文化的范畴，而是一种商文化影响下的地方文化，有着许多地方特色。

「铜瓒」

乐器　新干商墓出土乐器共4件，1件镈，3件铙，是已知的这类乐器中年代明确的最早实例。

「铜镈」

镈通高31.6厘米，重12.6千克。器身呈梯形，截面呈椭圆形，平口，为环形钮。钮侧有一对头向外的小鸟，两边各有由7个断续的勾状组成的扉棱。镈身两面饰相同的三层纹饰：以云雷纹衬地，中间部位以浮雕式牛角兽面为主体，两侧及上部饰4浅浮雕简体夔纹，浮雕之上再饰阴线雷纹。在牛角兽面纹的两角间、周边和钮上饰特别突出的燕尾纹，这是吴城文化青铜器上特有的标志。此镈的纹饰较接近于其他共出的铜器，可能为本地所铸造。

三件铙中，64号形制较特别，钲体呈六边形。主纹是以流畅的阳线卷云纹构成简体兽面纹，地纹为连珠纹，通高41.5厘米，重18.1千克。

另两件形制相同，但纹饰有别。65号器表纹饰满布，技法以阴线为主，以钲部为中轴分为两区，各以连珠纹作框，中间饰五列线条流畅的卷云纹，并等距分布6颗螺旋式的凸起，正中则隆起螺旋式的椭圆形巨目，连同饰以卷云纹的钲

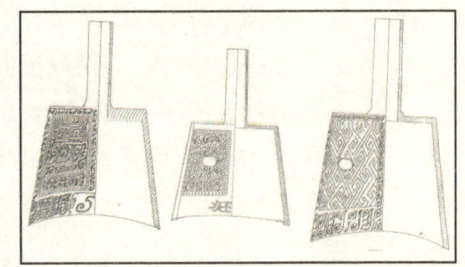
「铜铙」

部，组成一象征性兽面。该铙的重要之处，是从该铙所具有的特殊的主题花纹可以探索乳钉（即枚的前身）的发展途径，高至喜即在《中国南方商周铜铙概论》中曾提出乳钉是从某些铙的主题花纹周围排列的凸起涡纹而来。由于该铙的涡纹确实较像乳钉，因而它也很可能是其来源之一。此铙通高43.5厘米，重19.4千克。

66号器表满布阴刻的纹样，不仅线条流畅，且细而深。两面以饰卷云纹的钲部为中轴分为两大区，每区正中为椭圆形的巨大凸目，主纹为几何形勾连雷纹。这种主纹在商周的其他青铜器上常见，在乐器上却是仅见。

这三件铙在形制、纹饰上都有较大区别，也不同于上述镈，是否为当地所铸，颇值得怀疑。铜铙在江南存在着工艺略异的若干产区，湖南洞庭湖——湘水中下游即为最大的产区，江西也为产区之一。铙在这个广大区域的演变很可能不是一条直线，但铙的演变趋势从实物的器形和纹饰中可以基本了解，即：①尺寸上增大；②兽面主题纹饰逐渐变抽象，并成为具有成组乳钉（或枚）的标准纹饰；③旋的出现。根据这三点，新干三件铙无疑属于年代较早的器物，但65号铙暗示着向有成组乳钉的标准花纹的发展，有可能是三件当中最进步的1件。

铜镈可能由中原地区的铜铃发展而来，是在二里冈期传到长江以南之后，在当地尺寸不断增大，失去舌而变成用锤打击的乐器，因此，此类器物是诞生于江南地区，此镈并是目前所知同类器物的最早者。

这里的镈和铙，和湖南出土的大铜铙一样，主要是为祭祀所用。至于形制、纹饰有别的4件乐器同出一墓，或者来自于不同氏族或部族，是作为贡品抑或战利品，还是通过交易所得，都显示出墓主的影响范围，象征了他的权威。

兵器　新干商墓出土兵器232件，主要有矛、戈、勾戟、钺、镞、剑、刀、匕首和胄等。不仅数量大，种类齐全，而且还出现一批过去商墓中未见的器物，体现出浓厚的地方色彩。

矛35件，形制多样，有短秘矛、长秘矛、特短秘矛，异形矛等。其中，只有长秘矛受到了中原商文化的影响，其余几种皆为典型的土著式兵器。

戈28件，主要为直内戈，达23件，大部分与中原商文化的同类器形相近，但有的饰有极富地方特色的纹饰，如118号戈、宽长条形援，三角形前锋，中脊隆起，微带胡，长下阑。内部宽厚，前段近阑处一圆穿，后段两面均铸阴刻的双人首纹，五官中除省去鼻子外，其余四官皆完备，头上均竖立四根外卷的羽翎。

在直内戈中，三件有胡戈引人注目。116、120号为短胡，132号为长胡，直援，三角形锋，援本部一圆穿，上下阑，下阑特长，有三长方形穿。

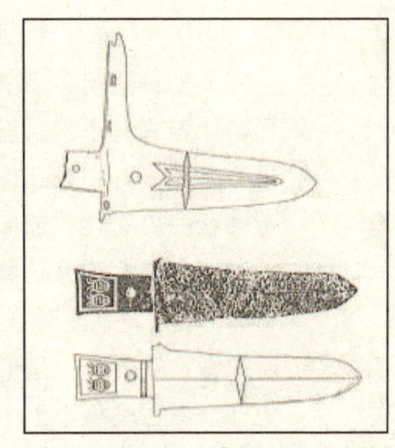
「有胡戈、直内戈」

目前发现的有胡戈以这3件为最早，为这种戈的起源提供了新的线索。此三穿戈，是在直援戈下加一窄长的胡，便于固柲，援胡之间的连接显得生硬，与殷墟四期的多援戈援胡间呈圆骨弧线不同，无疑是最早的形制。这几件在年代上早于中原商文化的长胡戈，也许表明其产地就在长江流域，是这一地区青铜文化的因素。商末周初出现的长胡戈，很可能是受到了这种戈的影响。

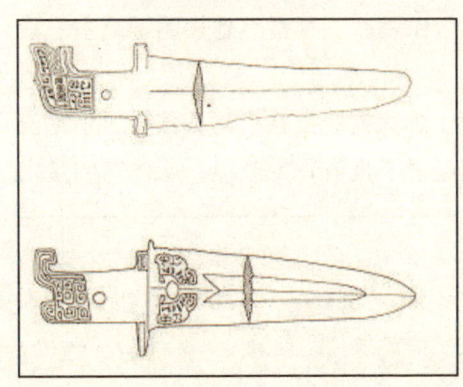
「曲内戈」

另外，还出土有5件曲内戈，可分为两式：一种为内后端弯曲成虎首形，张口圆目，露出三角形利齿，虎纹由卷云纹构成，圆睛中镶嵌绿松石。一种为内端长而弯曲，形成状若上卷的鸟喙形。

这种戈也为较典型的土著产品。

钺6件，有大型和小型两种。大型铜钺2件，形制基本相同，纹饰稍有区别。钺身略呈斧形，弧形刃，长方形内，平肩，肩部有对称的矩形穿。钺面宽阔，钺体中部开一马鞍形镂孔，近似于嘴角略翘的大咧口，露出两排三角形利齿，环饰燕尾纹一周。肩下及周边均饰带状目雷纹。333号通高35.2厘米、刃宽34.8厘米、肩宽26.1厘米，重6千克。334号通高36.5厘米、肩宽26.7厘米、刃宽36.3厘米，重11.4千克。

小型方内钺3件,形制基本同于大型钺,唯器小体薄,状若短体阔斧。

小型钺中有带銎钺1件,立面呈梯形,状若双肩小铲。肩下左右两侧各突出一方耳,耳中镂孔作穿。銎内双面饰蕉叶状的兽面纹,钺体饰云雷纹组成的兽纹。器表大部分乌黑发亮,纹饰铸工精美,线条宽疏流畅。

钺是兵器,也是刑具,还是权力的象征。考古发掘中出土大型铜钺的商代墓葬都是较大型的,如河南安阳殷墟妇好墓、山东益都苏埠屯1号墓和湖北黄陂盘龙城李家嘴2号墓等。包括新干商墓在内的上述各墓所出铜钺都浑厚凝重,装饰的纹饰极富威严感,显然是象征权威的仪仗之物。《史记·殷本纪》记:"汤自把钺,以伐昆吾,遂伐桀。"《史记·周本纪》也记:"周公旦把大钺,毕公把小钺,以夹周王。"钺在这里更是成为了王权的象征。上述各墓以钺随葬,很自然地表明了墓主的崇高地位。

新干商墓出土的大铜铙虽在形制上接受了中原商文化的影响,但经过了地方化的改造,所铸造的銎内钺更独具地方特色。

在新干商墓出土的兵器中,还有两种形制特别的器物,即勾戟和长条形带穿刀。

勾戟1件,三角形长援,长胡,二穿,援两面中脊两侧有箭翼状宽血槽,向上延伸的戟刺向内部方向反卷成钩状,长方形内,内中一穿。为直内戈与竖状长条形带穿

「方内钺」

「带銎钺」

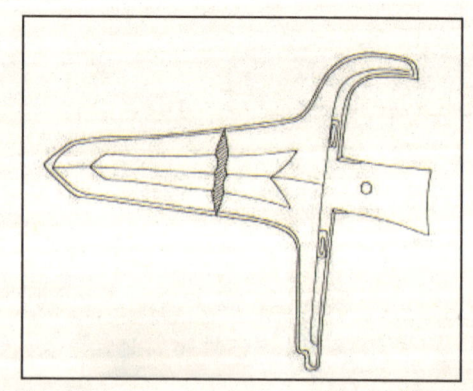

「勾戟」

商代长江流域的青铜器

刀合体浑铸而成。通长27.4厘米。

长条形带穿刀2件,形制相同,呈竖状狭长条形,脊部一侧平齐,刃部一侧微胡,刀首弯卷,脊上下两端各有方耳式穿1个,作固柲之用。通长25厘米。

上述这两种兵器在中原商文化区不见出土,却在陕、晋等地区的先周文化遗存中多有出现,是周人固有的器物。这些器物居然在赣中出现,足见当时文化交流渠道的畅通。

新干商墓出土的兵器既有长杆格斗兵器戈、矛、钺等,又有短柄护体兵器刀、剑、匕首,还有远射兵器镞,以及防护装备胄,几乎包括了中国早期冷兵器的全部类型。而且,各类兵器都有几种不同的形制,尤以戈、矛、刀、镞为甚。兵器如此大量的出土,文化内涵如此丰富,在全国各地已发掘的商墓中为仅见。

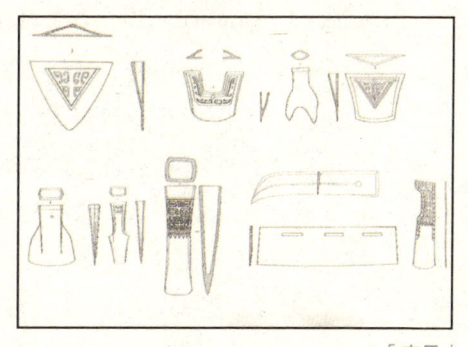

「农具」

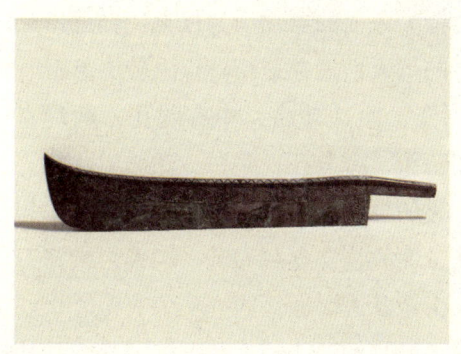

「刀」

工具　该墓共出土工具143件,有农业生产工具、手工业生产工具、渔猎工具。计有犁铧、锸、耒耜、铲、镬、斫、锛、镰、铚、鱼镖形器、刻刀、凿、刻刀、锥、刀、砧、手斧形器等18种。其中的家具器类之全,数量之多,均属罕见,尤其是犁铧、耒、铝、铚的发现为研究我国古代农业史、科技史提供了重要的实物资料。

> 石犁、铜犁和铁犁,正与新石器时代、青铜时代和铁器时代相对应,说明犁耕在我国的历史是悠久的。传统看法是犁耕起源于春秋末至战国时期,新干商墓铜犁铧的出现,这一传统看法应加以修正。

上面所述的有起土、松土、除草、收割等各种不同功用的农具，是能保证当时农业生产所需的基本农具，而且部分农具还有使用痕迹，说明在商代时，赣江下游地区已经开始使用青铜农具。

杂器 新干商墓出土杂器共48件，其中以双面神人头像、伏鸟双尾虎尤具特色。

双面人头像1件，为中空的扁平形双面人首造型，额部宽，颔部窄，呈倒置的等腰梯形。两面均有内空的圆突目，竖耳上尖，肥鼻有双孔，高颧，张口，两侧口角上翘，露齿，下犬齿外卷似獠牙，其余均作长方铲形；头顶正中有圆管，两侧各出一角，角端外卷；器下有方銎。通高53厘米。整个形象显得狰狞、恐怖、诡怪。

「双面人头像」

以人首为题材的商代青铜制品出土甚多，如四川广汉三星堆商代祭祀坑即出土不少青铜人头像、人面像等，但为十分写实的造型。或者如陕西城固苏村出土的23件铜脸壳，为单层的高浮雕式面具形器物，象新干这种两边皆为人面的器物尚为仅见。在已出土的类似器物中，以城固铜脸壳与新干的铜人面像在造型特点上较为接近，如标本76：147状近椭圆形，目眶深凹，眼珠外凸，中有圆孔，两耳直立，耳廓上尖，有穿，悬鼻突起起如蒜头，有双孔，张口，透雕尖状牙。其立面造型，以及耳、目、鼻、口、牙的形制特点，与新干人头像基本相同。汉中地区在商代先周文化的范畴，而先周文化的勾戟、长条形带穿刀也出现在新干商墓中，因此，新干人头像状若城固铜脸壳实为有源之水。人像的性质与功用，应是一种用于神灵崇拜的偶像或"神器"，是人与神灵沟通的工具。新干、城固出土的此类器物如此相近，两地文化的关系之密切是毋庸置疑的。

伏鸟双尾虎1件，状似虎尊却又腹底不联，张口咧嘴，左右各露一獠牙，凸目粗眉，双耳竖立。粗颈，垂腹，背脊凸出，后垂双尾，尾端上卷。背伏一鸟，尖喙圆睛，竖颈短尾。虎身遍饰阴刻花纹。整个虎形躯体庞大，怒目狰狞，虎视眈眈，作半卧欲纵之势，生动逼真地再现了虎的威

商代长江流域的青铜器

「伏鸟双尾虎」

武形象。通长53.5厘米、通高25.5厘米、鸟高3.8厘米，重6.2千克。

这件造型奇特的器物，虽是迄今已发掘出土的唯一一件，但在新干商墓中出现却并非偶然。在该墓出土的青铜器上，虎的形象十分普遍，既有十分写实的立体雕猛虎造型和线刻虎纹，也有介于写实与抽象之间的透雕虎纹，还有十分图案化的抽象虎头纹，即环柱角兽面纹和虎头形简体兽面纹。

仅就立体雕猛虎造型而言，除这件伏鸟双尾虎之外，还有鼎耳伏虎，被铸于3件方鼎和7件扁足鼎的双耳之上，20只虎大小有异，但造型一致，作似卧欲走之状，颇富生气。而线刻虎纹分虎首纹和行虎纹2种。虎首纹趋于图案化，分别饰于3件曲内戈的内部；行虎纹则仅见于箕形器柄部两侧，为阴线刻的侧面虎形，颇为写实，低头、张口、展体、尾后拖、足略屈，作行走状。透雕的虎形见于扁足鼎之扁足。环柱角兽面纹在新干青铜器上也被大量使用，达32例之多。

> 在新干青铜器上，虎是作为装饰纹样的主要母题而存在的。进而言之，虎是当地居民的崇奉对象。伏虎双尾虎或者就是在这种特殊的文化氛围中的一件特殊产品。

概而言之，该墓出土器物不仅数量多，而且内涵非常丰富，既有中原商文化因素，又有中原先周文化因素，还有土著吴城文化因素；既有较早的商代中期因素，又有近似于西周初年的因素。所有青铜器根据其所含文化因素，基本上可分为殷商式、融合式、先周式、土著式等数种类型。

在礼器中，以融合式最多，殷商式次之，先周式和土著式均较少；在兵器和工具中，则以土著式最多，其余依次为融合式、殷商式和先周式。这也是在中原的周边地区所出土的商代青铜器群中较普遍的现象。

融合式和土著式青铜器，无疑是当地土著居民在本地铸造的。即使是殷商式青铜器，虽有可能部分是从中原地区传入，但更多的还应是当地土著居民模仿中原殷商式青铜器而铸造的。

青铜铸造工艺技术研究成果表明，新干商代青铜器群与中国先秦青铜器属于同一工艺传统，即包括兵器和工具在内的所有青铜器都是用泥范块范法铸造的，或浑铸，或分铸铸接。其工艺技术达到了相当高的水平，较之于同时代的中原青铜器毫不逊色，甚至在某些方面还有独到之处。

> 分铸铸接法主要用于铸造礼器，它是分别铸造附件(附饰)和主体，再通过铸接使附件和主体结合。

芯撑的大量使用，更是新干铜器群在铸造工艺上的一大特色，也是许多精美的青铜器得以铸造成形的重要体现。在商代前期的青铜器中，芯撑的使用只是个别的现象，并且所发现的是使用了自带泥芯撑，待器物浇注成形，去除泥范后，再对自带泥芯撑的孔洞进行补铸，而不是使用铜芯撑。在殷墟出土的大批青铜器中，也只是个别器物使用了铜芯撑，芯撑的使用量也很少，分布的规律性也不强。直至西周早期，诸如宝鸡弓鱼国墓地青铜器中才大量地使用了铜芯撑，而且排列的规律性很强，成为西周青铜器的一个基本特征。可见，铜芯撑的使用有可能始于鄱赣地区，之后传播到了中原地区，成为中原青铜器铸造中的一个关键工艺。

新干商代青铜器群中有纹饰的器物，纹饰往往较深而完整，这样泥范的制作难度就相应较大，对泥范的工艺性能要求也相应较高，非具备高超的泥范制作技巧是不能成形的。而高超的泥范铸造工艺与分铸铸接法并列为中国青铜器铸造技术的两大支柱。

新干青铜器群的材质主要为铜锡铅三元合金，而且杂质极少。从主要合金成分看，新干青铜成分与二里冈时期高锡青铜或高铅低锡均不相同，倒很接近殷末周初时期的青铜合金。从微量元素看，新干青铜器杂质的含量不仅比二里冈和殷墟青铜器前期的要低，而且比殷末周初，乃至秦汉、明清时期铜合金的都要低（一般为1%~2%）。说明新干青铜器的原材料是用很纯净的铜、锡和铅配制而成的。

总之，新干商代青铜器群反映出高超的青铜铸造工艺水平，较之中原地区也不逊色。虽有某些新的或进步因素及地方特色，但仍属于商文化的

商代长江流域的青铜器

工艺传统。

青铜器的装饰特点在新干商代青铜器群中，光素无饰的器物极少。由于器物早晚有别，文化属性有差异，决定了装饰纹样的丰富多彩，装饰技法的多样化。

> 新干青铜器群的装饰纹样可以分为三类：即见于中原殷商青铜器，且技法、构图、风格基本相同的纹样；具有地方特色的纹样；见于其他地区出土的青铜器上，但具体构图、视觉效果、装饰风格和使用频率有异的纹样。

这三类纹样的存在，既反映了中原青铜文化的南向传播对吴城文化的影响，也反映了当地土著居民对外来文化的利用和改造。

新干青铜器群丰富的装饰纹样，是通过各种装饰手段来表现的，水平高超。以表现技法而言，有圆雕、浮雕、透雕和浅刻等；以构图手法而言，有写实的造型，抽象的图案，以及介于两者之间的半写实作品；以铸造方式而言，既有模作纹，也有范作纹，更多的是模范合作纹。

新干青铜器群的装饰纹样、装饰题材丰富多彩，装饰技法复杂多变，是反映鄱赣地区商代青铜文化发展水平的重要标志之一。

新干商代青铜器群的出土，改变了人们的传统看法。在鄱阳湖—赣水流域几十年来的考古收获中，是发现并确定了吴城文化，而吴城文化的青铜铸造水平并不高，所谓的石范铸造成为一大特色。而新干商代铜器群规模大，器类全，时代早，时间跨度长，都是前所未有的，这些足以让人们改变传统观点，从而对于中原商文化的辐射力之强有着更深刻的认识，对于各不同文化间的交流与传播有着更深刻的了解。

长江中游的湖北、湖南、江西三个地区出土的青铜器既相互联系而又各具特色，成为中国古代青铜文化发展史上的重要组成部分。

下游地区的青铜器

在下游地区，由于中原商文化的影响十分有限，尽管这里有着发达的新石器时代文化如良渚文化、马家浜文化，青铜冶铸在此基础上也得以孕育，但并没有迅速地发展起来。因此，有商一代，该地区的青铜文化处于较落后的状态。

（一）安徽

安徽境内出土的商代青铜器，主要集中在淮北及江淮之间，在江淮间出土的青铜器主要有：

在肥西大墩孜商代遗址下层，出土铜铃1件，铜铃为弓形钮，平舞，中间有一方孔，边侧有一扉，平于，素面。这一单扉铜铃与河南偃师二里头遗址出土的铜铃相似。该遗址还出土有2件斝和削、戈各1件。

「青铜斝」

在肥西塘坊于1965年出土爵、斝各2件，觚1件，斝、觚形体较大，器物威武典重，线条深峻遒劲。

庐江、潜山分别出土大铜铙各1件，前者为兽面纹大铙，后者为云纹大铙。

在嘉山泊岗出土有斝、爵、罍、觚等器物。

在安徽江淮之间出土的商代青铜器数量有限，因靠近中原商文化区，青铜器风格与中原商器相近。

「云纹大铙」

（二）江苏

在江苏出土的商代青铜器，主要发现于湖熟文化遗址中，共计有：

南京市锁金村出土的双翼形镞、刀、渔钩；北阴阳营出土的镞、斧、刀和太岗寺的镞、刀。

句容县白蟒台出土的镞、鱼钩；赤山湖出土的直内戈、钺等。

此外,在南京的安怀村、江宁的沟墩、镇江的断山墩等湖熟文化地层中还发现有冶铸铜器的遗存和小件铜器。南京北阴阳营发现有炼铜的陶钵、挹灌铜液的陶勺等。

江苏境内出土的商代青铜器基本上为小件器物,如兵器、工具等,青铜冶铸技术尚处于较为低下的水平。

(三)浙江

浙江境内出土的青铜器主要有:

长兴县杨桥出土的叶脉纹钺、上阳出土的蝉纹锛、港口出土的云雷纹戈;余杭县石濑出土的云纹铜铙;吴兴县出土的云纹2件、戚1件;安吉、海盐等地出土的鼎、觚、案足和戚等。

上述数件兵器、容器,大多属于商代晚期的器物,如钺上的叶脉纹明显仿自印纹硬陶上的纹饰,具有地方特色。总的来说,这里的青铜冶铸同样处于较落后的状态。

西周时期长江流域的青铜器

长江中下游地区为重要铜料产地的客观事实，吸引着周人踏着殷人的足迹南进。由于社会发展不平衡，包括四川、滇北、滇西、黔北在内的上游地区，只有四川盆地的蜀和巴进入了青铜时代；中游地区出土的西周时期青铜器主要集中在湖北、湖南两地，尤其是近年来在湖北随州出土大批西周早中期的曾国和鄂国青铜器。

周人的南进

毋庸置疑，周人所重视的是中下游地区，尤以江汉、江淮地区为其惨淡经营之所在。

（一）"伐蜀"与"克蜀"

20世纪70年代，在陕西岐山县凤雏村西周遗址的西厢房2号房的两个窖穴中，出土了17000余块甲骨，其中的两片甲骨上有"蜀"字，一为"伐蜀"，一为"克蜀"。

> 这两个"蜀"字，从目、勹、虫，与殷墟卜辞之"蜀"的结构不同。甲骨文乃象形文字，两个不同的"蜀"字，或许象征着两个不同的对象，是两个不同族体的反映。

商末周初之际，在川西平原曾发生过重大的政治变故，即出现了王朝的更替，此蜀取代彼蜀，青铜雕像群的主人销声匿迹便是明证。蜀本非一族，互有征战兴亡，而且有可能是几个蜀国同时并存。上文曾提到与殷人接触频繁的蜀人是生活在陕西城洋地区的那支蜀人，而《尚书·牧誓》所记随周武王灭商的蜀则未必与此蜀相同。或认为参与灭商之蜀是氏族的一支，在川西岷江上游建国的蚕丛氏，与周有始祖血缘关系。西周甲骨卜辞所见的征伐对象——蜀，是另外一支蜀人，还是与周人有血缘关系的那支蜀人，已无从证实，但都有可能。

总之，整个西周时期，周王朝对包括川西平原在内的上游地区鞭长莫及，殊少问津，彼此虽有文化交流，但并不密切。

（二）周昭王南征而不返

周成王在东征之后建侯卫，在汉东和汉北分封了一些姬姓诸侯，号称"汉阳诸姬"。他们的封国就是周朝设在淮汉之间的重镇，如镇守在南部的就有曾（随）国和唐国。周人及其同盟者戎人按照军事的需求而分布着，占领了淮汉之间的交通要冲。

周人不满足于统治淮汉之间，以至于有昭王南征。古本《竹书纪年》

记昭王十六年,"伐荆楚,涉汉"。《安州六器》对于昭王南征的记载更为详细。

> 昭王所征伐的"荆楚",并非实指当时江汉地区的某一个政权实体,而是对江汉地区的统称。

但江汉地区在当时如果仅有土著楚蛮倒还好办,难办的就是这里的殷遗民,他们积数十百年之功,又和土著楚蛮联合起来,对周人构成的威胁就非同小可了。古本《竹书纪年》记昭王十九年,"丧六师于汉"。《史记·周本纪》记:"昭王南巡狩而不返,卒于江上。"昭王兵败身死之后,周人就不敢也不能再南渡汉水了。对于江汉地区,周人是采取间接统治的方式,以获取这里盛产的铜料。

(三)太伯、仲雍奔吴

在《史记·吴太伯世家》中,记载了太伯、仲雍奔吴的故事,说周太王之子:

太伯、仲雍乃奔荆蛮,自号句吴。荆蛮义之,从而归之者千余家,立为吴太伯。太伯卒无子,弟仲雍立,是为吴仲雍。仲雍卒,子季简立。季简卒,子叔达立。叔达卒,子周章立。是时周武王克殷,求太伯、仲雍之后,得周章。周章已君吴,因而封之。

对于太伯、仲雍奔荆蛮之事,学术界尚有不同的看法,有人认为这个传说应该是西周前期周王朝势力到达江南的史实,不容否定。太伯、仲率雍奔荆蛮,应是信史。至于奔的动机,可能是避祸。他们避祸于荆蛮之地,带去了比较先进的文化,而且能变服从俗,因此被当地土著立为王,是不无可能的。1954年,在江苏丹徒县烟墩山出土的宜侯夨簋,有铭文100多字,提供了早期吴国的某些信息。

"惟四月辰在丁未,王省武王、成王伐商图,遂省东国图。王卜于宜囗土南。王令虞侯夨曰:迁侯于宜。……锡土,厥川三百……锡在宜王人。锡宜庶人。"

从铭文中,可知虞侯所徙封之地在中土的东南,是水道纵横的水乡,这与苏南的自然风貌相合。这里还生活着"王人","王人"即周人。宜国的这些周人,或许就是太伯、仲雍的后裔。

宜约制作于穆王时,宜侯也就是受封于穆王之时。西周直至穆王时才取得击破淮夷联盟的胜利,才可能将其势力伸展至江南,在淮夷的后方封诸侯,建藩卫,使淮夷腹背受敌。

周人入主宁镇地区之后,导致中原文化的大量涌入,仪征、丹徒、溧水、屯溪等地发现的西周墓,就含有两种文化因素,中原文化因素和土著文化因素都非常明显。

上游地区的青铜器

(一)巴器尚无踪影

早期的巴主要活动在汉中一带,《华阳国志·巴志》说:"武王既克于殷,以其宗姬封于巴。"此巴就是和濮、楚、邓一同封在周王室之南土的巴。直到春秋中期,见诸史料的巴,也一直是与楚为邻的。《左传·桓公九年》孔颖达疏云:"文十六年以后,巴遂不见,盖楚灭之。"实际上是汉上姬姓之巴迫于周人和楚人的压力,向南转移了。鄂西南清江流域的巴人是崇虎的,川东南和黔东北乌江下游的一支巴人却是打虎的。当时的巴国,看来不只一个。

西周时期巴人的青铜冶铸水平如何,我们不得而知。但有迹象表明,巴人于此时已进入了青铜时代。

(二)竹瓦街的窖藏

川西的成都平原则是另外一种情形。彭县竹瓦街曾出土过两批窖藏的青铜器,近40件,有容器罍9件,尊1、觯2件;有兵器戈10件,戟3件,钺5件,矛和镞各1件等。其中两件觯内分别有铭文"牧正父己"和"覃父癸"。

九件罍分两批出土,第一次出土5件,有学者称之为"列罍",并指出川西在抗战期间也曾出土1大4小,共5件罍。联系到新都战国木椁墓所出青铜器大都以5件或5的倍数为1套,

「竹瓦街出土铜罍」

"五"在古蜀地区应具有某种特殊的含义。那么，第二次出土的4件罍，显然是缺了1件。

> "列罍"的作用，应与周人礼器中的列鼎相似。罍是用于储酒备酌的器物，常与尊配合使用。罍与尊，至迟在商代晚期已成为蜀人的主要礼器。至西周，罍的重要性更加突出，从而形成了"列罍"制度。

在新都战国木椁墓中出土铜印一枚，印纹为一组"巴蜀符号"，其下半部置一罍，罍的两侧各站一人，手中所持的器物，似为抬罍的工具，上半部的左右两侧各有一口部向上的铎，中间一图案似为酒器罍图案化形象。铜印已晚至战国，此时罍在蜀地铜礼器中的地位也比以前大大降低，但罍在图案中仍居重要位置，与铎、甲并列。可见，罍为蜀地传统的重要礼器。

从上述9件罍的形制、纹饰来看，有着明显的中原文化因素，纹饰中的兽纹、夔纹、雷纹、涡纹以及器身饰立棱和立体怪兽等，都与商末周初的中原器相同，因此有可能是从中原传入的，但也不能排除当地仿铸的可能性。一件羊头饰大铜罍，顶端所饰饕餮纹实为人头像，颇有三星堆人头像的遗风。

至于兵器，诸如蜀地出土的戈，虽然可在中原找到原型，但时至西周，同类型的戈在中原已接近消失，在这里却是刚刚出现，而且流传的时间很长，从西周直至战国。其他兵器如戟、矛、钺、镈，也都不同程度地反映出地方特色。

除竹瓦街出土的两批窖藏外，成都平原甚少出土西周时代的青铜器。较之三星堆两个器物坑出土的大批青铜雕像，蜀地在这一阶段的青铜冶铸业明显退步了。这两个不同阶段的青铜文化发展状况，可以表明外来文化影响的大小与否，是决定当地青铜文化发展水平高低的至关重要的因素。

中游地区的发现

（一）曾器与楚器

早在北宋时期，湖北就有西周时期的青铜器出土，即著名的"安州六器"。据宋人王黼著《博古图录》记载，为方鼎3件、圆鼎1件、甗1件。其中的中方鼎、中甗等器物的铭文记录了周昭王南征的重要史实。

> 湖北各地较普遍地出土有西周青铜器，基本上可以分为两大类：一类为江陵万城、黄陂鲁台山等地出土的早期青铜器，有着浓厚的商文化因素；另一类为随州、京山、枣阳等随枣走廊地区出土的青铜器，与曾国有关，部分为鄂国器。

叶家山西周早期墓地的发掘，是近年来最重要的考古发现之一。经国家文物局批准，2011年2月18日—6月14日，湖北省文物考古研究所、随州市博物馆联合对叶家山墓地进行了第一期考古发掘。共揭露出墓葬65座和1座马坑。绝大多数墓葬排列有序，极少有打破关系，显系一处经过规划的家族墓地。

第一期发掘共出土陶、铜、瓷、漆木、玉石等各类文物739件组，青铜器多达325件。从墓葬形制、文物特点分析，这批遗物的年代下限为西周早期。其中高等级的墓葬多出土有"曾侯"字样的铭文，证明叶家山墓地就是西周早期的曾国墓地。叶家山墓地第一期发掘取得了重要的考古成果，并在当年被评为全国十大考古发现。

经国家文物局批准，2013年3月26日—7月26日，湖北省文物考古研究所、随州市博物馆对叶家山墓地进行了第二期发掘。本次发掘揭露面积达5000平方米，共发掘墓葬77座（包括第一期遗留的2座）和马坑6座。第二期发掘发掘共出土各类文物1300件组，其中许多重大发现改写了湖北地区西周时期的历史。

「叶家山西周早期曾国家族墓地」

叶家山西周早期墓地的发现，尤其是27号、28号、65号、111号墓分别出土了有曾侯铭文的青铜器，目前至少可确认有两代曾侯。表明该墓地是西周早期的曾国贵族墓地。这也是叶家山西周早期曾国墓地考古工作最重要的收获。

111号墓位于墓地的中部，是墓地最大的一座墓葬，墓口长13.48米、宽10.28米、深9.26米，有斜坡墓道。葬具棺椁之痕长4.2米、宽3米，深1.68米。内棺痕长2.3米、宽1.4米。墓坑底部四边有熟土二层台，四壁放置有大量长方形漆盾。北部二层台上分类放置青铜酒器、水器；

「叶家山111号墓」

东部放置漆木器和原始瓷器；南部放置铜兵器，西部放置铜编钟和少量铜兵器。棺内主要放置车马器和玉器。

该墓铭文青铜器大多有"曾侯"铭文，墓主人当为曾侯犺本人。根据墓葬形制和出土文物特征，该墓年代属于西周早期偏晚，约相当于周昭王晚期。

二期发掘共出土青铜器近500余件。器类主要有圆鼎、方鼎、簋、鬲、甗、盉、觯、罍、

「青铜器铭文"曾侯 犺作宝䝼彝"」

爵、卣、弓形器等。

根据出土文物的器类组合和形制特点，与已发掘的西周姬周文化遗物具有诸多共性，其中，铜器的形制、纹饰及陶器种类和形制与已发掘的北京琉璃河燕国墓地、陕西高家堡戈国墓、河

「出土的青铜编钟」

南洛阳北窑西周早期墓相同或相近，其年应属西周早期。

更为重要的是，在多座墓葬中再次见有"曾侯"、"曾侯谏"的铭文，并新见有"曾侯犹"的铭文，进一步证明应是新发现的一处属西周早期曾侯的墓地。

此外，叶家山西周早期曾国墓地还发现了许多及其他氏族、方国的青铜器，这些珍贵资料也为研究西周早期的方国历史、文化交流和礼乐制度提供了丰富的材料。

在此之前的2007年11月，随州考古工作者抢救性地发掘了羊子山4号墓，出土一批鄂国青铜器。李学勤先生在其《由新见青铜器看西周早期的鄂、曾、楚》、《论周初的鄂国》等论述中认为，这些青铜器与上海博物馆所藏有"鄂叔"、"鄂侯弟"、"鄂季"铭文的青铜器，都是西周初期器物，可能属于周成王时期，当地当为鄂国公室墓地。

「羊子山出土的鄂国青铜尊」

黄陂鲁台山的五座中小型西周墓出土有圆鼎3、方鼎4、甗2、簋2、爵9、尊1、觯5、觚1、卣2等礼器以及兵器、工具、车马器、生活用具如铜镜等。这批器物形体普遍较小。礼器的形制与中原或关中地区同期青铜器相同的约占十分之九；器物上饰饕餮纹、夔龙纹、双尾龙纹、雷纹、云纹、圆涡纹、对角云纹、乳丁纹等，也与中原或关中地区同期器物上常见的相同；铭辞简短，字体端正古朴且有波磔。其铸造技术与中原地区大体相同，均采用通体浑铸，一范一器。这种现象的出现，无疑是周王朝在汉东地区分封"汉阳诸姬"，将势力向南推进的结果。

不过，这批青铜器也有大量商文化的因素，如以鼎、甗、簋、觚、爵、尊、卣、戈、矛为主要器类，以云雷纹、饕餮纹、夔龙纹、圆涡纹为主要纹饰，这在盘龙城的早商文化遗存和鄂东的晚商文化遗存中均有所见。铜器铭文上的"以日为名"也见于鄂城出土的晚商铜爵，这与江汉地区曾为殷人所大力经营，商文化在这里已有深厚的根基大有关系。鲁台山西周文化遗存的内涵是商周文化的融合，二者在文化因素上平分秋色。

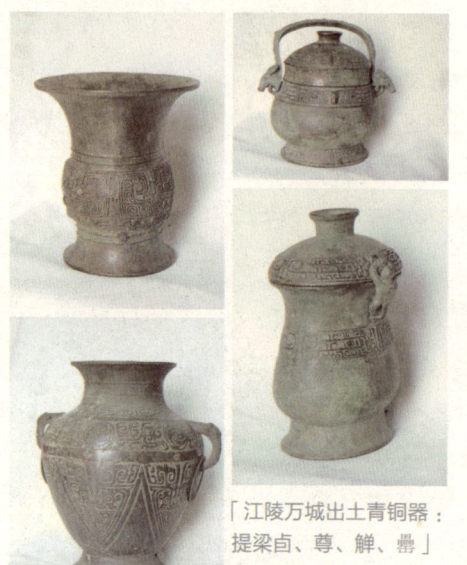

「江陵万城出土青铜器：提梁卣、尊、觯、罍」

「随州熊家老湾出土的铜(罍)」

「随州熊家老湾出土的方彝」

江陵万城出土的17件青铜礼器也是在商文化的基础上注入周文化的成分。因周人的文化方针过于拘谨，故显得非常呆板，毫无商代晚期青铜器的那种勃勃生气。

湖北出土的西周晚期青铜器主要是曾国青铜器。如：1970年在随州熊家老湾出土簋4件，罍、方彝各1件；1972年在这里又出土鼎3件，簋2件，壶、盘、匜各1件；1978年在随州贯庄出土鼎、簋各2件，鬲4件，壶、盘、匜各1件；1972、1983年在枣阳赵湖分别出土鼎2件、簋2件、鼎1件、盆2件、壶1件，鼎1件、罍2件等三批器物；1966年在京山苏家垅出土鼎、鬲各9件，簋7件，豆、壶各2件。

上述几批青铜器，以京山苏家垅为代表，该墓是迄今已发现的曾国墓中的三座9鼎墓之一，也是我国已发现的西周时期的唯一一座9鼎墓。出土的鼎呈深腹蹄足，附耳；鬲为款足弧档；甗为方体四足，通高52厘米，形体较高大；簋圈足下附3支足；豆(铺)为浅盘镂空座；盉为宽长流，扁四足；盉为罐体，细长流，扁四足。这些器物大都饰有精美而规整的纹饰，以窃曲纹、环带纹、垂鳞纹、重环纹和瓦纹为主体。铸造尚称精良。

苏家垅青铜器的组合也最为完备，其组合为鼎、鬲、甗、簋、豆、壶、盉、盘、匜，与河南上村岭M1810、M1820的铜礼器组合形式相同。器类中，较之西周早中期，食器数量和种类明显增多，酒器明显减少，鬲和豆较多地出现。在鼎簋组合中，列鼎制度形成，鼎的大小依次递减并多为奇数，簋多为偶数。盘匜成套配置，这是西周晚期出现的一种新的水器组合形式。酒器壶也出土较多，在大墓中则成对地出现，这也是西周中晚期出现的一个新特点。

以京山苏家垅为代表的曾国青铜器，体现着当时长江中游地区的青铜铸造水平。这些器物如果出现在中原地区，那就不足奇了，但它们出现在西周时期青铜器铸造明显衰退的长江中游，则难能可贵。

曾国的发展史，基本上是与楚国的关系发展史。在其早期发展阶段，一度颇为强盛，"汉东之国随为大"，并且因保持着宗周的文化传统，相比湖北境内的其他诸侯国如楚国而言，文化也是较为发达的。九鼎七簋的出土，应是在楚国强大之前，曾国在汉东地区具有举足轻重地位的象征，曾器所反映的文化面貌尽管是对中原周文化的亦步亦趋，但其高出一等的青铜铸造技术，对楚国早期青铜文化的发展有着至关重要的影响。

「京山苏家垅出土青铜器」

> 曾即随，是西周初年周王分封在汉水以北、以东地区的诸姬姓小国之一，其从西周早期建国，到战国中后期灭于楚，有着近700年的历史。

当阳赵家湖楚墓群中的西周晚期楚墓出土有青铜鼎、簋，其形制、纹饰与曾器无甚区别。据宋人赵明诚《金石录》记载，当时在嘉鱼县出土楚公逆镈1件，楚公逆即楚君熊鄂，惜已失传。不过，1993年在山西天马——曲村遗址北赵晋侯墓地区出土一套8件甬钟，据钟铭为楚公逆钟。钟铭达68字，多方面地透露了楚国早期青铜冶铸方面的信息。

1959年在湖南还出土楚公家戈1件，戈体为蜀器，因铸造精工，楚王得到后，视为珍宝，在上面加刻了"楚公家秉戈"5字。湖北枣阳曾出土1件两周之际的刻有"曾侯 伯秉戈"铭文的青铜戈，有学者将之与楚公家戈进行比较，发现二者虽形制不同，但铭文文例一致，尤其是"秉戈"二字的结体十分相近。楚公家戈的出现，应是楚人在其青铜铸造业起步之时而模仿他人的结果，是楚人掠人之美的开端。

（二）铜铙与甬钟

在一江之隔的湖南，所出土的西周时期的青铜器则是另外一幅景象。据统计，湖南已出土的西周铜器62件，主要为乐器，计有铙22件、甬钟18件、镈6件。其余为容器，计鼎5件、罍1件、簋2件、爵5件、觯2件。除几件鼎和甬钟出自墓葬外，其余可能都出自窖藏。

湖南出土的西周早期铜铙与这里出土的商代铜铙是一脉相承的，但又有了许多变化。依时间的早晚有三种不同的类型，即有乳钉式、锥状枚式、柱状枚式，它们的变化情况为：其一，形体普遍变小，钲身也由短阔发展到近方形或狭长形。其二，纹饰则由商代的以粗线条组成的兽面纹为主纹发展到以云纹为主纹，稍晚的铜铙甚至连云纹也变得简朴、稀少，成为细线条。其三，乳钉也由商代铙的饰在钲部边缘移至篆带间，并增至36个，而且逐步加高，先是乳钉中心螺旋处升高，后变为尖锥状，最后变为甬钟上的平头柱状的枚。乳枚的出现，不仅是为了装饰，而且对高频振动起到加速衰减的作用，对音色也有一定的影响。

> 湖南出土的甬钟是直接由大铜铙演变而来的，其与铙的区别在于铙的甬部旋上无旋虫，而甬钟有旋虫，并且由仰击变为悬击。这18件西周早期的甬钟形制基本相同，唯甬钟的隧部、篆间的纹饰有所区别，分别为细线云纹、凹线云纹、横S纹。

西周中期以前的南北甬钟几无区别，如陕西扶风白家庄1号青铜器藏出土的西周早中期之际的甬钟，纹饰、形制等与南方甬钟都完全相同。南方甬钟由大铙演变而成的线索十分清晰，而北方甬钟则不然，因此北方的早期甬钟有可能即由南方输入。

湖南出土西周铜镈6件，环钮、铣弇、于平，纹饰和栾部棱脊则有所不同，有虎饰兽面纹镈1件，云雷纹镈1件，简化的鸟饰兽面纹镈4件。

「马纹簋」

西周时期长江流域的青铜器

或认为镈可能是受中原商文化中铜铃的影响而铸制的,约在商代中期,中原地区的铜铃传到湖南。铜铃太小,把形体扩大,去掉铃舌,改为敲击,便形成了镈。

在湖南出土的容器中,两件簋颇具特色。一件为马纹簋,通高30厘米,方折唇,鼓腹,长方形器座,座内有挂铃之鼻钮,但铃舌已失。器身饰兽面,为双身龙纹和昂首伏卧的马纹,方座长边的两端各有一立马,形象十分生动,短边为雄伟的兽面。

另一件为仿竹制簋形器,通高14厘米,敛口,折肩,圈足。腹部饰变形兽面,以雷纹为地,有四系,圈足上饰三道仿篾箍。

至于一件变形夔龙纹鼎,鼎足为半筒形,与中原地区的柱足鼎不同,或称之为"越式鼎"。湖南西周铜器的出土地点相当集中,"基本上都出在湘水流域,又大多数集中在湘水中游的湘潭、湘乡和衡阳一带。出这类铜器的地区,与已发现的出土印纹硬陶的商周遗址和出土春秋越式铜器及越人墓葬的区域大体吻合"。上述各类颇具地方特色的铜器都应是当地土著居民铸造的,而当时这里的土著居民为扬越人。

这批青铜器的铸造仍大量采用比较原始的通体合铸法,器壁多较薄。如钟用两范相合一次铸成,通体范痕往往未经打磨修饰即行使用。可以说,西周时期的湖南青铜冶铸业与该地区商代的青铜冶铸水平相比,倒是倒退了许多。这应是由于外来刺激的消失,导致内在活力消失的结果。

土墩墓里的收获

由于以太伯、仲雍为代表的周人在商代末年的南奔,以及西周早期周王封侯于此,导致中原周文化的大量涌入,推动了这一地区经济文化的发展,具体表现在无论是几何印纹陶和原始瓷的烧制,还是青铜器的铸造,都发展迅速。

三十余年来,在安徽、江苏、浙江等省陆续出土了几批西周时期的青铜器,主要有:江苏丹徒县烟墩山宜侯墓及其附葬坑出土的鼎、簋、鬲、盂、觥、盘及角状器,车马器等;丹徒大港母子墩出土鼎、簋、鬲、尊、卣、壶及兵器矛、叉、镦、箭镞,车马器等;江苏溧水县乌山岗沿山1、2

号墓出的鼎、卣、盘、戈等；江苏丹阳司徒出土的20余件鼎、尊、盘、瓿等；安徽屯溪1号墓出土的鼎、鬲、尊、盂、卣、盘及五柱形器等。

上面列举的数批青铜器，除个别出自窖藏外，大多出自土墩墓。

> 所谓土墩墓，是江苏宁镇地区和皖南地区土著居民的一种特殊墓葬形制，其主要特点是平地起封土，无坑或浅坑。扩散之处至于太湖流域。

土墩墓出现于西周早期，消失于被土坑竖穴木椁墓所取代的春秋战国之际。土墩墓主要有两种，一种为一墩一墓，一种为一墩多墓。前者一般规模较大，且有青铜器随葬，如宜侯夨墓、安徽屯溪墓、大港母子墩墓等，无疑是当地上层贵族所专用的特殊葬制，后者数量多，延续时间长，主要随葬印纹硬陶、原始瓷器等，随葬品一般不丰。

这种葬制的特殊性，源于该区域有别于中原的文化背景，这种文化背景导致用于随葬的青铜器在器类及其组合，形制与纹饰等方面颇具特色。

凡土墩墓出土的青铜礼器，大多是鼎、簋共出，但其配置形式为一鼎一簋，二鼎二簋或四鼎二簋，与中原西周时期的鼎簋配置形式不同。而且屯溪1号墓、烟墩山宜侯夨墓、母子墩墓中所出青铜器多两两成对配置，这种配置形式在同时的中原墓葬中是罕见的。这里的西周早期铜器群中罕见中原所习见的酒器觚、爵、觯，晚期的铜器群中则不见食器盨、簋，却流行中原地区在西周中期即已消失的尊、卣等。

青铜器的形制与纹饰比较复杂，基本上可以分成四类，即中原型、仿中原型、土著型、仿土著型。

（一）庄重的伯簋

有些青铜器应是直接由中原传入的，如烟墩山墓出土的宜侯夨簋，丹徒大港母子墩出土的伯簋，安徽屯溪1号墓出土的父乙尊等，仅寥寥数件。如伯簋为敞口、方唇、束颈、鼓腹、圈足、

「伯簋」

方座,两耳作鹫鸟形,下有卷尾小珥;口沿下饰蚕纹,中间并附饰浮雕牺首;腹部及方座的主体纹饰皆为细云纹衬地的两对峙大凤鸟;圈足饰蚕纹;方座四角顶面作饕餮纹;在圈足底面带有方格铸纹。器内底部有铭文五字:"自作宝尊彝。"通高24厘米、口径22.2厘米。

根据伯簋,可以多方面地了解中原型与本土所铸青铜器的区别:

其一,铜质不同。从外观上看,伯簋呈浅绿色,但除锈后胎质橙黄;而其他铜器色泽偏暗,除锈后胎质青灰泛白。这与它们的合金成分不同有关。经过对伯簋及同墓出土的其他几件青铜器作激光显微光谱定性分析,伯簋含锡量较多,而其他几件青铜器含铅量较多。与此同时,对金坛鳖墩出土的整坛青铜块作光谱及化学定量分析的结果,也是含铅量极高,高达40%左右。可见,本土所铸青铜器属铅青铜,而同时期的中原型青铜器为锡青铜。

其二,铸造技术上虽都为通体合铸法,但伯簋铸造精美,远非土著型青铜器所能及。其器壁很薄,最处仅1厘米左右。圈足的底面带有铸范的方格线纹,这是中原铸造铜器的一个标志性特征,而本土所铸铜器是没有的。母子墩墓出土的鼎、鬲等器物,通体范痕未经打磨修饰即行使用,表面显得比较粗糙,暗淡无光,成为较明显的地方性特点。

其三,伯簋造型庄重,纹饰深镂细刻,以云雷纹为地,主题花纹上再刻花纹,形成三层花,工整繁缛,一丝不苟,给人一种威严富丽感,与同墓其他铜器不同。其他铜器多单薄轻巧,纹饰粗犷简练,不施地纹。

其四,伯簋有铭文,宜侯夨簋的铭文长达100余字,铭文在中原青铜器上司空见惯,但在西周时期的当地所铸青铜器上不见铭文。仅在安徽屯溪3号墓出土的一件青铜簋上有一立人和弓箭形徽记,此徽记不是铭文。可见,当地土著在当时尚未习惯于使用华夏文字,或者当地土著所铸青铜器仅为实用而已,诸如鼎、鬲诸器器底满积烟炱和带有修补斑痕,是长期使用的结果。

(二)灵巧清秀的鸳鸯形尊

在这里所出土的青铜器大部分是融中原、土著两种文化因素于一体的器物,许多器物虽有刻意模仿中原同类器的倾向,但在形制、纹饰上表现出许多地方特色。大港母子墩出土的部分器物足以说明这一问题。

同墓出土的双兽首耳簋唇沿细卷，口至腹呈直筒形，与同时期中原簋的侈口、翻沿相异。铜鬲则为直口平沿，腹壁竖直，与中原的侈口、束颈、鼓腹鬲形制迥然不同，而与湖熟文化中的扁状高弧裆锥形袋足陶鬲极为相似。

提梁卣的盖及銴梁端牺首的造型也与中原同类器有别，其盖面斜直，盖提手铸作小鸟形，别有意趣，在中原铜器上未见。銴梁端牺首作牛头状，见于该地区出土的其他同类器，而同时期中原卣的提梁牺首一般呈羊头形。

鸳鸯形尊则取材于江南水乡的鸳鸯，造型富有韵律感，清新活泼，与中原青铜器厚重而端庄的作风迥然不同。

至于飞鸟盖双耳壶，飞鸟形的壶盖与壶身浑为一体，生动别致，与中原地区流行的圈盖、细长颈、鼓腹、贯耳壶完全两样。

其所饰纹样，虽吸取了中原铜器的部分花纹图案，但大都简化、变体，同时较多地采用了当地几何印纹硬陶上

「鸳鸯形尊」

的几何形纹样。而且，根据不同器物和不同部位，灵活地构思布局，从而形成自身特色。如双兽首耳簋，其腹部立体纹饰仿照中原铜器流行的饕餮纹，但已简化，不施地纹，颈部及圈足均饰地方特点的几何形勾连纹，颈部中间所饰浮雕牺首作蝴蝶形，新颖别致。又如飞鸟盖双耳壶的纹饰布局则颇有独到之处，中原地区出土的壶之类形体高大器物的纹饰，一般采用由上而下的分层式；此壶则不然，其以凸状条带纹附加方钉纹作间界，将壶体纹饰竖分作四组，每组内运用粗犷豪迈的刀法满刻大朵的云形勾连纹图案，而各组的云形纹形状又横竖不一，互不对称，流而不乱，疏而不散，给造型奇特的鸟盖壶带来了强烈的装饰效

「五柱形器」

果。还有雷纹鼎上的雷纹、铜鬲上的方格纹等，与当地几何印纹陶上的纹饰相同，明显地是由几何印纹陶纹移植而来。

总之，这类器物与真正的中原青铜器相比，是粗看似同而细看实异，器形相似而局部实异。中原青铜文化因素已被当地工匠揉进土著文化的风格之中，从而创造了一种独特的风格。随着当地青铜文化的继续发展，地方特色也不断加强，至两周之际，这种地方风格开始成熟。

还有一些器物出土也不多，如宜侯夨墓出土的角状器，安徽屯溪1号墓出土的五柱形器，母子墩墓出土的叉形器等，用途不明，亦不见于其他地区，姑且视之为纯土著形的器物。

铜车马器在上述几座大型土墩墓中皆有出土，母子墩墓即出土軎、辖、衔、镳以及挂钩、节钩、铜泡等数百件，这些车马器出土时堆放在一起，显然是作为墓主车马的象征。

吴越地区出现车马器一般认为比较晚，《史记·吴太伯世家》记："寿梦二年，楚之亡大夫申公巫臣怨楚将子反而奔晋，自晋使吴，教吴用兵乘车，吴于是始通中国。"据此而认为江南地区至少在西周时期是没有车马的。但太伯、仲雍是从车马之乡来的，周王又徙迁许多中原周人至此，当时这里的上层贵族拥有车马是不足为怪的，只是当时车马只作为代步工具，尚未用于作战罢了。车马在吴地大量出现是以吴国向外拓展为前提的，或北争中原，或西抗强楚。中原诸国和楚国都以车马千乘或万乘作为武备的标志，要与之抗争，没有对等的军事实力是难以想象的，因此才有申公巫臣南下教吴用兵乘车，吴国也才开始把车马投入战争。

下游地区由于周人的南进，青铜文化取得了较大的进步，尤其是较之这里在商代尚处萌芽阶段的青铜文化发展状况，其进步就更为显著了。

春秋战国时期长江流域的青铜器

　　春秋中期至战国中期成为了中国古代青铜器发展史的又一个绚丽灿烂的大阶段。西周中后期处于压抑状态中而乏善可陈的长江流域青铜文化,在两周之际终于时来运转,开始与黄河文化竞趋争先。在其后的发展过程中,长江文化的许多方面后来居上,青铜文化即为其中的代表。

春秋战国时期长江流域的青铜器

公元前770年，周平王东迁洛邑，史称东周。东周又分为春秋、战国两大历史时期。春秋时，国家由统一而分裂，诸侯称霸；发展至战国时，脱颖而出的几大诸侯国称雄并立；最终由秦国结束了列国纷争的局面，建立起中央集权的政权。

东周青铜器的演变，充分反映了上述的社会变革：一是各诸侯国的青铜器大量增加，二是青铜器的地方性显著加强，三是青铜器的铸造工艺水平大大提高。

长江流域的文化圈

> 有学者将文献与考古成果相结合，将东周时代的列国划分成了七大文化圈(区)，即中原文化圈、北方文化圈、齐鲁文化圈、楚文化圈、吴越文化圈、巴蜀滇文化圈、秦文化圈。

在长江流域，溯江而上依次分布着吴越文化区、楚文化区、巴蜀滇文化区。其中，楚文化的影响力最大。楚文化的扩张，是东周时代的一件大事。春秋时期，楚人北上逐鹿中原，楚文化也向北延伸。至战国之世，楚文化先是向南大大发展，随后由于楚国政治中心的东移，又向东扩张，进入长江下游以至今山东省境，说楚文化影响所及达到半个中国，绝非夸张之辞。

（一）巴蜀、滇文化

地处长江上游的巴、蜀因为山高水险的地理环境所限，长时间处于相当闭塞的状态，直至春秋战国之际，这里的文化面貌仍无重大变化。后来秦、楚对抗，才给长江上游的文化带来了加速发展的机缘。

蜀国在春秋战国时期的都城，应在今成都市辖区之内。这里"地称天府"，据晋人常璩所著《华阳国志·蜀志》记载：其宝则有璧玉、金、银、珠、碧、铜、铁、铅、锡、赭、垩、锦、绣、罽、氆、犀、象、毡、耳毛、丹黄、空青、桑、漆、麻、纻之饶。总之，物产丰富。

约在春秋中期，蜀国改朝换代，蜀王杜宇禅位于开明氏，开明传十二世。在公元前316年，蜀被秦国灭亡。

限于考古资料，春秋时期的蜀文化面貌若何，目前尚不清楚。但战国时期的蜀文化已粲然可观，领先于长江上游。在此时的蜀文化中，楚文化的影响也是强烈的。

> 巴人多山居，北起大巴山，南到武陵山，东邻楚，西邻蜀，中心在长江支流嘉陵江下游至乌江下游一带。

迄今所知的东周巴文化遗存，基本上是战国时期的，且年代偏晚。

巴国蹈蜀国覆辙，也被秦国攻灭。但秦国对蜀地的统治是直接的，比较严酷；对巴地的统治是间接的，比较宽松。因此，战国晚期蜀文化有衰退现象，巴文化则仍有上升趋势。涪陵曾为巴都所在地，古称"枳"，战国晚期一度为楚军所占领，当地的巴文化遗存带有较多的楚文化因素是合情合理的。

长江上游除了巴人和蜀人，还有分布在滇北、黔北、川西的少数民族，先秦的中原人士对他们还浑然不知，汉代则称之为西南夷。西南夷是个总称，其中有许多不同的民族。他们都生息在高原上，或聚居平原，或散居草原、山丘、峡谷。

春秋战国时期，在这些少数民族中，滇人建立了最强盛的国家，创造了最发达的文化。

> 滇国的中心在今滇池坝，即今昆明市及其周围地区，气候温和，风光秀丽，物产丰饶。它的北部和中部有铜矿，它的南部有锡矿。滇人的青铜时代，大约始于两周之际，至春秋、战国之际，滇人的青铜文化即已多姿多彩了。

在云贵高原，滇池坝是一个文化交流的十字路口。因此，滇文化与周边的其他文化有某些显而易见的共性。而且，滇文化的扩散面较大，几乎横贯云贵高原，直至武陵山东西两侧。

滇池坝的西邻是洱海坝，在祥云县大波那村曾发掘一座相当于战国中期的墓葬，其出土物可作为洱海坝文化的样本。或认为先秦洱海坝文化的主人是《史记·西南夷列传》所记的昆明人。

川西的大部分地区，在今阿坝、甘孜两个藏族自治州境内，春秋战国时期有石棺墓文化，其主人可能是《史记·西南夷列传》所记的冉马龙和白马，属于氐羌系统，与蜀人有或疏或密的联系，但其文明程度远低于蜀人。

（二）楚文化崛起于长江中游

楚文化的崛起与楚国的崛起是同步的。在春秋早期，楚国开始变小为大，变弱为强，称雄于江汉之间，但楚人并不以此为满足。楚王熊通35年(公元前706年)扬言："我有敝甲，欲以观中国之政。"中国即中原，其问鼎中原的野心溢于言表。两年之后，自立为王，是为楚武王。楚武王转战汉水西东，为楚人留下清朗而安宁的江汉平原。其子楚文王(公元前689年—前677年在位)北渡汉水，东出方城，深入中原，使中原为之耸动。楚文王子楚成王(公元前671年—前626年在位)更出入中原，擒纵淮夷，无霸主之名而有霸主之实。当时的楚国在疆域、人口、财富、甲兵等方面已成为并世诸国之冠。楚成王孙楚庄王(公元前613年—前591年在位)时，问鼎中原，饮马黄河，成为春秋时期功业最为显赫的一位霸主。而此时的楚文化已有完整的形态和鲜明的风姿，开始在中华大地上独树一帜了。

楚人开疆拓土，所倚仗的不仅有占优势的武力，而且也有占优势的文化。《庄子·逍遥游》说："且夫水之积也不厚，则其负大舟也无力。""风之积也不厚，则其负大翼也无力。"文化与国家的关系，也像水与舟以及风与翼的关系。其在版图扩大的同时，文化随之播散，二者基本同步。楚文化在播散的同时，也是吸收先进文化因素的良机。楚人博采众长，独创一格，至迟在春秋晚期而形成了博大精深的文化体系。直至战国晚期，楚文化始终是长江文化的表率。

（三）吴越文化及其楚化

> 长江下游的江东，大致以太湖为缓冲的水域，北有吴国、南有越国。东周的吴就是西周的宜，或称"勾吴"；越即戉，或称"于越"。吴越虽是两国，土著却是一族。

吴国的疆域以太湖平原北部和宁镇丘陵为主体，扩展到皖南的大部分丘陵，苏北的一部分平原，以及淮南的某些地方。越国的疆域以宁绍平原和太湖平原南部即杭嘉湖平原为主体，扩展到浙西、皖南的山地。有时，越人从杭嘉湖平原西出，渡过长江，渗入淮南。

上文曾论及吴国的公室是姬姓的周人，但已变服从吴俗；越国的公室是夏人的后裔，也已变服从越俗。

吴国的振兴始于吴王寿梦，寿梦元年为公元前585年。此时吴国的政治中心已从宁镇丘陵转移到了太湖平原，何以如此，或认为有可能是吴人畏惧楚人，或者要抗击越人，或者要联合越人以制服宁镇地区的土著夷人，不一而足。

吴越位于生态环境十分优越而且原始文化十分发达的江东，可是发展缓慢，落后于江北。这是因为他们西北面为江所隔，东面为海所限，南面为山所阻，还由于与中原文化的联系被淮夷阻断，因此，不易受到毗邻文化的刺激，不易接纳毗邻文化的信息，不易产生文化杂交的优势。一言以蔽之，人文的生态环境比较恶劣。直到春秋中期，因楚人使淮夷自顾不暇，吴越才开放了，吴人在先而越人在后。

吴越的长技是种稻养鱼，织麻纺丝、构筑干栏、制作舟楫，以及铸造农器、匠器和兵器；尤以青铜兵器甲于天下。

随着楚人的东进，楚文化的播散，春秋晚期吴墓所出的文物，以及战国早期和中期的越墓出土的文物，都打上了楚文化的烙印。

滇王国的青铜器

云南在战国至西汉时期，是西南夷的主要聚居区，其东部以滇池区域为中心是滇人聚居地，西部以洱海区域为中心是昆明人聚居地。滇和昆明是古代西南夷中的主要部族，有着悠久的历史，但随着汉武帝在云南设置益州郡，他们在中国历史舞台就逐渐销声匿迹了。

滇和昆明在春秋晚期进入青铜冶铸的鼎盛期，直至西汉前期，创造了丰富多彩的青铜文化。

在滇池区域的考古发现，以晋宁石寨山的发掘为最重要，从1955年至1960年，云南省博物馆先后在这里进行了4次发掘，共清理墓葬507座，出

春秋战国时期长江流域的青铜器

土青铜器4800余件。其中6号墓出土蛇钮金印一方，篆文"滇王之印"。

> 此墓是一代滇王之墓，石寨山是古滇国墓地。据《史记·西南夷列传》记载，滇王降汉后，汉武帝曾"赐滇王印，复长其民"。这枚金印或许就是西汉王朝所赐之物。

江川李家山墓地的发掘，是继晋宁石寨山之后的又一次重大考古发掘。1972年在这里共清理墓葬27座，出土青铜器1700余件；1991年至1992年，又在这里清理墓葬58座，出土各类器物2000余件，其中青铜器多精品。

此外，还在呈贡县太子庙、石碑村，安宁县太极山，昆明市上马村，曲靖市八塔台，东川市普车河等地的墓葬中出土青铜器1000余件，也都是战国至西汉时期滇国的文化遗物。

在洱海区域的考古发现主要有：1964年在祥云县大波那发掘一座木椁铜棺墓，出土青铜器97件；1975年在楚雄万家坝发掘一处规模更大的昆明人墓地，共清理墓葬79座，出土青铜器1002件。此外，还在禄丰、永胜、宁蒗、祥云、剑川、大理等县市共出青铜器1000余件，大都是战国至西汉时期昆明的文化遗物。

迄今为止，云南已出青铜器10000余件，绝大部分出自墓葬。所出滇与昆明青铜器依其功能大致可分为五大类，共80余种。

（一）生产工具

生产工具包括农具、手工工具和成套纺织工具等。

农具主要有锄、锛、臿、镰，农业生产的各主要环节，即从起土、薅锄到收获所需要的青铜农具一应俱全。农具出土数量大，出土地点也十分广泛，如楚雄万家坝古墓群出土农具142件，其中铜锄多达99件，特别是1号墓出土农具82件，有锄55件，其数量之多在我国青铜时代墓葬中也是罕见的。23号墓出土的12件铜锄保存有较完整的木柄，为解决铜锄的装柄使用方法，提供了珍贵的实物资料。

农具绝大多数出土于墓葬，而且奴隶主贵族的大墓和

「孔雀纹锄」

一般平民的小墓都有随葬青铜农具的风气，这也是农业民族才有可能形成的风气。

滇族的社会是一个以农业为主的社会，农业是滇族最重要的生产部门。《史记·西南夷列》记载："西南夷君长以什数，夜郎最大；其西靡莫之属以什数，滇最大；……此皆魋结，耕田，有邑聚。"明确地指出滇族属于定居农业民族。

滇王国阶级分化十分显著，贫富对比强烈，这在农具上也有明显的表现，如晋宁石寨山大墓所出土的农具，有的刻有阴线的凤、飞鸟、牛头、蛇、鱼或几何形图案，这显然不是实用器，而是奴隶主贵族的仪式用品；而楚雄万家坝1号墓出土生产工具28套，每套由一铜斧、一长条锄和一方形锄组成；23号墓出土的铜锄14件，这些农具制作粗糙，朴实无华，应为实用器。实用器的使用者是在奴隶主庄园中被强制性进行劳动的奴隶，并且均为女性，这在晋宁石寨山出土的铜器或铸或镌刻的有关农业活动的图像上可以看到。由女子经营农业而男子从事手工业或其他副业之风俗，在西南少数民族中比较普遍。清檀萃《滇海虞衡志》卷13记有僰夷："男贵女贱，虽小人怒视其妻，耕织贸易徭役皆妇人，虽老不得息。"这种现象大概就是这里的传统习俗。

（二）别具一格的生活用具

生活用具种类较多，主要有：壶、洗、罐、碗、杯、盘、耳杯、勺、豆、案、食盒、箸、尊、釜、甑、镰斗、盉、筒、线盒、针管、绕线板、伞、枕、镜、带钩、贮贝器、印章及棺等。

「立牛伞盖」

伞盖 晋宁石寨山出土10件，江川李家山出土7件，大小不等。其形状似铁锅覆置。顶面铸出凸起的平行线纹，周边有网纹带一周。顶部正中焊一圆雕立牛。伞内侧边沿有10多个小圆环，作系铃用，另有两个较大的半圆环以装木柄，由铜俑手持。李家山墓群区出土了执伞男俑1件，男俑跪坐于素铜鼓上，头顶挽高髻，面略左侧，耳佩大玦，颈戴串珠项链，衣

「执伞男」

「女俑」

袖及肘，右肩挎宽带佩剑于右胯，背披毡，后腰突出，外扎腰带，前佩扣饰，小臂佩钏，跣足。双手执伞，伞已脱落。晋宁石寨山出土有完整的执伞男俑，与江川李家山所出大体相同。这种伞盖并非仪仗用物，可能是一种招魂用具。

案　江川李家山出土的一件牛虎案造型别致，铸作精美。此案由一虎二牛组成，案体为一立牛，四蹄作案足，前后脚间有横梁相连，牛背作浅椭圆形盘状，是为案面。大牛腹下横置一小牛，立于大牛前后脚间的横梁上。尾端有一虎，虎口紧咬大牛之尾，四爪抓住其后胯。此牛虎案中之大牛颈肌丰满，两巨角前伸，给人以重心前移摇摇欲坠之感，但其尾端有一虎，一种后坠力使案身恢复了平衡。大牛腹下横置一小牛，增强了案身的稳定作用。此器设计新颖，造型浑厚、雄健而又生动，是云南古代的一件青铜艺术佳作。案高43厘米、长76厘米。

「牛虎铜案」

贮贝器　贮贝器是滇青铜器中独有的器物，是专门用来贮放贝币的容器。有的是特制的筒状带盖器，有的是由击破鼓面的废铜鼓改制而成的。无论哪一种，其腰部和盖上均有生动逼真的人物和动物图像。就人物活动场面而言，有祭礼、战争、纳贡、上仓、纺织、放牧、狩猎、舞蹈、饮宴、农作等，几乎涉及到当时社会生活的各个方面。其中人物最多的一件有127人，少的也有数人或10余人。

贮贝器主要出土于晋宁石寨山、江川李家山等古墓群的贵族墓中，几件颇具代表性的器物如：

（1）播种贮贝器。江川李家山出土，为铜鼓形器身，四耳，底附四足。胴下部和腰上部饰竞渡纹和舞蹈"羽人"，胴上部和腰下部饰三角齿纹和同心圆纹。盖上铸有35人，中央有一圆孔，插立一高大铜柱。盖一侧边沿铸有一群人，中心人物为端坐于由四人抬杠的肩舆内的女主人，女主人通身鎏金，抬杠者着对襟上衣，跣足。这一队人前有二骑开道，其后一男扛铲，一女挎种子囊，一男持种钟棒相随。肩舆两侧各有男女二人跟随相待，左女执伞，右女奉食。这一场景似是表现主持完祭祀仪式的女主人正前往田间"亲耕播种"。其余的场景似是表现在祭祀场地的人们的交易活动。他们服饰装束各异，有头顶薪束者，有捧持罐坛者，有挟挎篮筐者，有展示布帛毡裘者，或行或立，或蹲或坐，极其生动。器高40厘米、盖径28.8厘米。

（2）祭祀场面贮贝器。晋宁石寨山于1956年出土，其器身呈圆筒形，两侧有对称的虎形双耳、腰微束，底部有三兽爪形矮足。盖上铸各种动态的人物共127人，干栏式房屋1间。

（3）战争场面贮贝器，晋宁石寨山出土。此贮贝器由两个废铜鼓重叠而成，盖上共有圆雕人物22个，马5匹。

上述战争场面，反映了当时滇池区域的滇民族和滇西地区的昆明人之间残酷争战的情景，因贮贝器为滇人所铸，滇人也就以胜利者的形象出现大家的面前。器通高53.9厘米、盖径33厘米。

「战争场面贮贝器」

（4）纳贡场面贮贝器，晋宁石寨山出土。此器也由两个废铜鼓重叠而成，出土时上鼓已残破，下鼓修复如初。在两鼓相接的边沿处，雕铸立体人物、动物一周，其中人象17个、牛、马各2只。腰、足部由三角形齿纹、同心圆涡纹等组成带形图案，足部另铸浮雕牛头4个。

所铸人物按其发型、服饰大致分为7组，每组2至4人不等。前一人均盛装佩剑，可能为少数民族的头人或酋长之类，其后的随从者有的牵牛牵马，有的抬扛贡品。整个场面似为滇国属下各族向滇王纳贡的情景。器通高39.5厘米、胴径127.2厘米。

「桶形动物格斗贮贝器」

「四牛骑士贮贝器」

（5）动物类贮贝器。此类贮贝器出土数量较多，器身皆圆筒形，中部微束，足扁平。盖焊有圆

春秋战国时期长江流域的青铜器

雕之兽,有的虎、牛、鹿同处一盖,有的仅铸1头牛,有的铸有5牛,甚至7牛、8牛。

人物活动场面多有一中心人物,身材高大,或遍身鎏金,处于显赫地位,此人应就是贮贝器主人的形象。

「铜棺」

这种情况颇类似于商周时期中原地区青铜器的制作,殷周贵族每逢立有战功,参与册命等盛典,或受王的赏赐,便铸器刻铭,命子孙永宝。"滇"人没有正式的文字,不能表达复杂的意思,故只能通过组雕方式来表现之,这就是组雕人物活动场面的由来。每一场面就等于一篇数百字的铭文。

铜棺 祥云大波那于1964年出土,棺身作长方形,人字形顶,棺下有矮足,整体似一"悬山"顶"干栏"式建筑。此棺由7块铜板组成,重257千克,高82厘米、宽62厘米、长200厘米,板与板之间有榫口套板,可装可卸。两侧板及顶板外壁铸云纹及蛇形纹,头、尾板有虎、豹、猪、马、鹿、鹰、燕等动物图案,底板无纹饰。

(三)形制迥异的兵器

滇、昆明的青铜兵器已出土有剑、矛、斧、戈、啄、钺、戚、狼牙棒、叉、弩机、镞、箭箙、剑鞘以及各

「剑」

种铜甲(包括臂甲、肘甲、腿甲、背甲、颈甲及鱼鳞甲片等)。如戈、矛、剑、钺、戚、斧等器物虽见于内地,但器形、纹饰差异明显;另一部分器物仅见于该地区,具有较强的地域和民族性特征,且都是模仿动物的某一部位制作而成,或称之为仿生式兵器。

戈 晋宁石寨山和江川李家山出土的戈最具代表性,在所出数量众多的戈中,以无胡戈为主,有胡戈少见。无胡戈中,一部分为以銎装柲的戈,大都铸造精美,其纹饰繁缛,图案别致,銎上多铸有立体兽鸟,如牛、豹、鹿、羊、熊、虎、猴、狐狸、鸳鸯以及立体的人形。这种华丽的

武器，应非实战之器，而是仪仗用器。这从此类戈多出于晋宁石寨山和江川李家山滇王室及贵族的墓中，而不见于一般平民的墓，即可为证。

矛　矛为所出土的大宗兵器，江川李家山古墓群即出土70件。其形制区别较大，銎部则大多富于装饰。如江川李家山24号墓出土的一件，刃细长，中线起脊，銎部断面呈椭圆形，上有双耳。銎部的一面铸出浮雕，顶端为一人持剑刺虎，其下有三人以绳捕虎，近刃部处为一个搏虎，一人被虎所噬；另一面铸双旋纹、三角齿纹组合图案。

（四）特色鲜明的乐器

滇池和滇西区域皆出土有乐器，种类虽不多，特征却十分鲜明，显示出与中原地区格格不入的音乐文化特色。所出土的乐器主要有鼓、编钟、铃、锣、曲管和直管葫芦等。

鼓　铜鼓是我国西周时代普遍使用的一种打击乐器，与湖北崇阳出土的商代铜鼓迥然不同。它由互相连铸在一起的鼓面、胴部(胸部)、腰部、圈足以及胴腰之间的鼓耳等五部分组成。鼓面是一个圆形平展的面，为主要打击和发音的部位。胴、腰、圈足三部分起共鸣作用，有时也用于打击，可发出与鼓铜不同的声音。鼓耳是为悬挂和搬动方便时特设的，其上系有绳索。铜鼓的打击方法，据滇王国青铜器上的铜鼓演奏图像看，有的悬于木架，用木锤敲打；有的平置地面，或以木锤敲打，或直接用手拍打。

云南是铜鼓的发源地，楚雄万家坝23号墓所出土的铜鼓，就是迄今为止经科学发掘所获铜鼓中之最原始者。23号墓经过测定，年代距今2640±90年，约在公元前7世纪左右。这批铜鼓身似釜，大部分鼓的表面有烟痕，明显曾作炊器之用，有的釜则更是利用铜鼓改制的。1号墓所出铜釜，实际上倒置的铜鼓，只是在鼓底边沿安装上两耳。说明当时该地区的铜鼓不仅是由铜釜发展演变而来，而且尚停留在乐器、炊器分工不十分严格的初期阶段。

战国晚期至西汉时期，滇王国所铸的铜鼓，已进入成熟期。晋宁石寨山和江川李家山古墓群出土了大量的铜鼓。所出铜鼓较之楚雄

「铜鼓」

万家坝、祥云大波那的铜鼓,有着多方面的进步:

其一,造型完全摆脱了铜釜的局限,鼓面大而有褶边,鼓身三截的比例更为适当,整体效果匀称而端庄。

其二,纹饰丰富多彩。鼓面除光体之外,芒间也有纹饰;晕圈分为三区,中区主晕较宽,常为翔鹭纹,内外两区多是两道栉纹夹一道圆涡纹。布局疏密有致。鼓身三截分别处理:胴部与鼓面类似,但主晕则为竞渡纹;腰部上段有直段分格,格内实以舞人、牛纹,其下端与鼓面内外区晕圈相同;脚部空白。总的效果既统一而又有变化。

其三,青铜冶铸技术也有进步,如石寨山鼓含锡量达15.7%,而大波那鼓含锡是不足7%。其他在铸造工艺、纹镂技术上也有显著的提高。

在滇池地区域出土的铜鼓中,船纹是铜鼓的主要纹饰之一,种类很多,应是当时当地居民多种多样水上活动的生动写照。

> 滇池区域出土的铜鼓,在古代西南地区铜鼓的发展演变过程中具有重要的地位。云南古代的铜鼓最早出现于楚雄等滇西地区,但成熟于晋宁和江川,并由此分别向外播迁。

由于铜鼓的功能深刻地反映了当时该地区的社会组织和宗教信仰的情况,因此有人认为滇文化可以确定为一种铜鼓文化。

(五)式样奇特的装饰品

各类饰品主要出土于晋宁石寨山、江川李家山古墓群,主要有:长方形、圆形和不规则形的扣饰,各种杖头铜饰,各种马饰,圆雕工艺品(有牛、鹿、孔雀、鸳鸯、兔及各式人俑和房屋模型等),手镯、钗,以及许多未定名称的装饰品。

扣饰 各类扣饰出土数量大,在江川李家山古墓群区发掘出土和采集的扣饰达130余件。

(1)圆形扣饰,又称护心镜,大多出土于死者的胸、腹部,直径5.9~19.6厘米。圆形,内凹,背面有一矩形齿扣。纹饰多样,在李家

「圆形猴边扣饰」

[八人乐舞扣饰]

山采集的1件边缘作七鸟环立,中央嵌满绿松石,直径10.2厘米。

(2)长方形扣饰,背面有一矩形齿扣,正面有的镶嵌绿松石或玉管,有的作凸线花纹,边缘浮雕鸟兽或波卷纹。

(3)浮雕扣饰,是由房屋、人物、鸟、兽等形象组成狩猎、祭祀、动物相搏等浮雕图像,又以动物相搏占有较大比例。

> 动物纹扣饰与古代北方草原文化息息相关。在我国辽宁西部、冀北、内蒙、宁夏沿长城一带,曾出土过许多以各种动物为主题的饰物或纹饰,被学术界公认为北方游牧民族的遗留。

在滇文化中,各种动物形饰物或纹饰,如豹、虎等猛兽咬噬鹿、野猪的图像,骑士战争或狩猎的图像等,都是北方草原文化的风格。如果说有区别的话,那就是滇文化的遗物多立体铸品,表现细腻,比例匀称,形象逼真,显示了更加娴熟的冶铸能力和更高的艺术水平。甚至连滇文化中出土的相当数量的长方形透雕铜扣饰,其风格也完全同于北方草原地区的青铜透雕带饰,不同之处仅在于滇文化的饰物多镶嵌绿松石、玛瑙或玉石,因而更加华丽而已。这种文化现象的相同或相似,其原因在于它们同处于从东北绵延至西南的呈半月形的古代边地文化传播带上。

房屋模型 这种房屋模型多出土于晋宁石寨和江川李家山古墓群的大型墓中。石寨山出土的一件,房屋为"干栏"式。其主体部分为一方形平台,平台下有若干小柱承之。平台正面稍后有一房屋,为整个建筑物的主体部分,顶作"悬山"式,用交叉的木片覆盖。屋脊的山尖高翘斜出,左山尖下有一小凉台。平台的后端又有一长方形小平台,台上有一四柱凉亭,无墙板,仅有低栏杆。平台右侧有一敞

[房屋模型]

棚，左右各有一柱，上承屋顶。敞棚前有一小棚，四柱直落地面，未在平台之上。正屋山尖下的凉台上坐两妇女，屋内有一小龛，供一人头。龛右前檐下坐三男人，其右侧坐一人，前置一案，此人的双手正料理案上的食品。案前左侧有一人，头部已残。小龛前置一釜，釜前立一木牌，前有一犬，仰首前视。房屋下层立一匹马，马前有三男子，为首一人吹葫芦笙，其后二人抚按其背。平台之下有牛、马、猪等家畜。房屋结构之复杂，人物、动物塑造之细腻，无出其右者。

云南出土的青铜器，虽时代较晚，但以其浓厚的地方特色和独特的艺术风格，成为中国古代青铜雕塑群的绝唱。

巴蜀青铜器

大约始于春秋中晚期，四川大部分地区普遍出现了一种极富特色的青铜文化，其分布地区东达鄂西，北至陕南，南到川黔滇边界，西影响到石棺葬等山区少数民族文化。

> 这一时期的发现以墓葬为主，重要地点有巴县、昭化、绵竹的船棺葬，涪陵小田溪的土坑墓，羊子山、新都的大型木棺墓，大邑、蒲江等处独木舟式船棺葬，峨眉、犍为、成都等处小土坑墓群，绵竹、绵阳木椁墓等。

所出土的器物之丰富，种类之繁多，地域之广泛，都是前所未有的，达到了巴蜀青铜文化的高峰。

（一）蜀王墓里的青铜器

1980年在新都发掘的一座大型木椁墓中出土的一批青铜器，最具代表性。这是一座有斜坡墓道的长方形土坑木椁墓，早年被盗，棺椁内的青铜器所剩无几，但棺椁下的腰坑里仍出土了188件青铜器。所出青铜器包括礼器、乐器、兵器、生活用具、生产工具等。

该墓所表现出的楚文化因素比较显著。

其一，在墓葬形制和椁室结构上，如斜坡道、头箱、脚箱和边箱，以

［邵之饮鼎］

及椁室四周填塞白膏泥等，都是楚文化的特征之一。

其二，某些器类的形制、纹饰与楚器一致。如5件一组的列鼎，其形制与曾侯乙墓的牛钮盖鼎相同，特点是器体呈扁球形，附耳，盖上作三兽形钮，足较细而不太高。其中一件的盖内有刻铭4字"邵之食鼎"，铭文字体与曾侯乙墓铜器铭文字体相合。所饰嵌铸的兽纹，也是曾侯乙墓所流行的。

该墓出土的一对瓿，与曾侯乙墓的瓿形制相同，上下体分铸，连器耳也相仿。一对缶也同于曾侯乙墓的盥缶，连缶耳上的提链都是一样的。

该墓所出土的敦，器体作正球形，上下各有兽形足和环耳，与望山楚墓的敦相同。至于壶，新都墓出土有形制不同的两种，这也正好可在望山楚墓中找到相应的例子。而盘、匜、勺等，都与望山楚墓所出相同。

"邵之食鼎"的"邵"，即"昭"，楚三大姓之一，《战国策》记："昭、屈、景皆楚之族姓。"此器应为楚之邵氏所铸而流入蜀国。流入蜀国的原因，不外乎蜀人强取于楚，楚人馈赠于蜀及楚人入蜀时所携带或入蜀后所铸造四种可能性。

楚蜀直接交往的史实，见诸文献者仅一次，即《史记·六国年表》和《楚世家》记："蜀伐楚取兹方，于是楚为扞关以拒之。"此事发生在公元前377年，时当战国中期。此时楚国方强，以蜀侵楚，无异以卵击石，获得礼器之类战利品是不可能的。何况新都战国木椁墓的年代在战国早中期之际。因此，昭器出土于新都墓与这次战争无关。如"昭"器为楚王所馈赠，则不应是某一贵族的专利品，这种可能性也不能成立。

楚人虽不喜山地，但对于巴蜀地区也曾问津。

> 当时，楚人去西南的交通要道大致有两条：一为汉中大巴山线路，逾巴可至蜀；一为沿川江线路，经夔峡而达枳与渝。

成都平原和江汉平原同一纬度，自然条件大体相同，对楚人应是富有吸引力的。有关开明氏的传说，与楚人曾经入蜀可能不无关系。

《水经注》卷三十三记：

春秋战国时期长江流域的青铜器

荆人鳖令死，其尸随水上，荆人求之不得。令至汶山下，复生，起见望帝。望帝者，杜宇也，从天下。女子朱利自江源出，为宇妻，遂王于蜀，号曰望帝。望帝立以为相。时巫山峡而蜀水不流，帝使令凿巫峡通水，蜀得陆处。望帝自以德不若，遂以国禅，号曰开明。

此外，应劭《风俗通义》、谯周《蜀王本纪》、常璩《华阳国志·蜀志》以及许慎《说文解字》，都有类似的记载。

对于开明氏的族属，至今仍有巴人、楚人二说，巴人说并无坚实的证据，只是一种臆测。楚人说则得到现代治巴蜀史的多数学者支持，"荆人"应即楚人。楚国在春秋中期强大起来，开始向外扩张，与开明氏王蜀在时间上恰相吻合。或许楚国的某位将领辗转至蜀地后，流连忘返，帮助治水有功，得到蜀人的拥戴，而成了蜀王。

新都木椁墓的发掘，似乎可以证实这一推测。据该墓的规模及出土器物的内涵综合考察，墓主很可能是一位蜀王。

一般来说，除曾侯乙、蔡昭侯等降为附庸的诸侯之外，有相对独立地位的王者墓葬，应是最能体现其所在国文化面貌的，但新都木椁墓却不如此简单。

> 从葬制来看，其头向从西，使用独木棺等葬具，这是蜀文化的特点。但也有某些楚制，如斜坡墓道，椁室结构，椁外填青膏泥等，都是楚国大型墓的特征。

从随葬的器物来看，蜀器、楚器并存，但器物有着特殊的组合形式。腰坑所出土的188件器物可分为两套：一套是两件一组，计有甑、釜形鬲、鬲、敦、豆、浴缶、盘、鉴、匜、勺各2件；一套是各器类均为5件成一组(少数为10件成两组)，计有鼎5件、釜5件、鉴5件、豆形器5件、匕5件、壶10件(分二型，各5件)、匜5件、三足盘形器5件、剑10件(楚式、巴蜀式各5件)、编钟5件、刀5件、戈30件(分四型)、钺10件(大型5件、小型5件)、矛5件、斧5件、斤5件、曲头斤5件、手锯5件、铜削15件(大、中、小型各5件)、凿20件(四组)、雕刀5件等。

《华阳国志·蜀志》记：

九世有开明帝，始立宗庙，……未有谥列，但以五色为主，故其庙称青、赤、黑、黄、白帝也。"可见，"五"在蜀地也许是一个特殊的数字。《史记·秦惠王本纪》说："秦惠王欲伐蜀，乃刻五石牛，……使五丁力士拖牛成道。

这里的"五石牛"、"五丁力士"之"五"也应与上面所言的"五"有着相同的含义，或许与蜀地较原始的阴阳五行学说有关。

该墓出土有两枚铜印。其中方印1枚，背微拱，中为鼻钮，有四饕餮组成的图案纹饰。印文为一组"巴蜀图语"符号：下部两侧各立一人，伸手相握，手上置一罍，手上有一图形符号。在墓内所出的另外一些铜器上，也雕有与此图形繁简略同的符号。图形两侧又各有一口向上的铎。

「巴蜀图语」

用图语组成的印章很少见，如此组合的图语更是仅见。因此，印章上的图语寓意之深，绝非寻常。或谓图语中的两铎即金铎，本铎。《周礼·矢官·小牢》云："徇以木铎。"注云："古者将有所令，必奋木铎以警众，使明听也。木铎，木石也，文事奋木铎，武事奋金铎。"因此，这组图语应是权力的象征。或许可由此印证墓主即蜀王。如此解释当然不无道理，但以中原约定俗成的礼制来解释蜀人的所作所为，终不免有穿凿之嫌。或认为该图语的重点应是酒器醴和乐器铎，表示礼乐制度在蜀地的出现。而且，这件铜印还铸就了楚地上层建筑——礼与乐的图像，对于探讨古蜀文化的渊源及古代楚与蜀的关系等问题，这方铜印更形象地提供了可靠的实物证据，颇有道理。《华阳国志·蜀志》记："九世有开明氏，……以酒曰醴，乐曰荆，人尚赤，帝称王。"按，楚国的音乐文化发达，楚人也尚赤。由此可见，蜀国的礼、乐制度和风俗习惯与楚人有明显的关系，但彼此并不雷同。

上述种种特殊现象，只有蜀王开明氏确实来自楚国才能得到合理的解释。开明氏在变服从俗王蜀的同时，仍保持着许多楚人的习俗，甚至还从楚国引进了大量的文物。

随着楚国势力的扩张，先进的楚文化应该曾经传播到巴蜀地区。《淮南子·兵略训》云：楚人地卷沅、湘，西包巴蜀，东裹郯淮。但楚人始终没有用兵于蜀，这也是楚人战略上的一大失策，终为秦人所乘。无论如何，蜀文化受到了楚文化的强烈影响是可以肯定的，蜀国青铜文化在春秋晚期以后获得较大发展，可以说是楚国青铜文化影响的结果。

新都木椁墓出土的青铜器，足以说明受到楚国青铜文化影响的程度。无独有偶，在巴蜀地区发掘的其他战国墓葬，如成都百花潭中学、成都羊子山、涪陵小田溪墓等，都存在着浓厚的楚文化因素，所出土的青铜器有一部分与楚器相同或相似。

在各墓出土的具有楚风的青铜器中，以壶尤为引人注目。它们的形制无一例外地与楚器相近，其纹饰则异彩纷呈。

成都百花潭中学10号墓出土的宴乐水陆攻战纹嵌错铜壶。壶为小口、长颈、斜肩、深腹、平底、圈足。肩上有兽面衔环。有盖，盖面微拱，上有三鸭形钮。盖面饰卷云纹、圆圈纹和兽纹。壶身满布用铅类矿物嵌错成的图像，其以三条带纹分成四层画面，最下面的一层为狩猎图像，只起花边装饰作用，可略而不论。上面的三层画面在壶的前后是对称的，每层又分为左、右两幅图景，故一共有6幅图景。

第一层左图为竞射图：图的上方有一建筑物，其中有两人并射，即古文献中所说的耦射。图左张设

「宴乐水陆攻战纹嵌错铜壶」

着侯(箭靶)，两箭已经射中。竞射的两个人，一个引弓待发，一个刚刚发弦，箭在侯道空中飞过，姿态十分生动。在侯的前侧，有一佩剑人双手举旗，是在箭射中的高声唱获的"获者"。建筑物左部阶上坐一人，可能是计算胜负的"释获者"，他手中拿的似即记数用的算筹。射者右侧的持弓人，看来是指挥竞射的。图的下方另有5人，有的执弓挟矢，有的徒手，作准备竞射的样子。此外还有鼎俎，三人正从事烹炊。

第一层右图：图上方有树木两株。右边一株，枝间有一女子采叶，另一女子正在攀登。右面一株，枝间一男一女，皆以手援枝。树下有男子6

人，女子5人，姿态各不相同。画中所有男子，装束和左边的竞射图中都是一样的，几人还有佩剑。画面中居主要位置的是男子，有的以手中的弓示于树上蚕女，有的用两臂表示弓形，有的用口和手扯弦，他们可能是在选取弓材，因为桑科树木是古代制造弓干的重要原料。这幅图是以带有象征性的手法，表现了拣选弓材的场面，其主题仍应与射有关。

第二层左图：图左有短装射者4名，用矰缴(系绳的箭)仰射飞鸟，四只鸟已贯矢下坠，另一只刚被射中。右首帐幕中5人，三人有裳，两人更换短装。着裳的三人里面有一人手执弓箭，一人正在壶旁取饮。帐前排列着猎获的禽鸟，可见这种帐幕是供射猎者更衣休憩用的。帐幕以上的部分又是竞射图，一耦在竞射，另一耦在准备。侯的一旁，有一人看守着有盖的鼎。

第二层右图：这是一幅宴乐图。图左上部表现一宏阔的建筑物，一人凭几而坐，身后有执长柄扇的侍者，面前两人持觯进献，另两人侍立。阶下右方的两件长方形器可能是筐，圆形器是鉴。器右，四人执矛作舞。图的下部有钟、磬、建鼓、笙、箫的演奏。图像中的舞蹈，既不是执干戚的《武》舞，也不是执翟籥的《大夏》，这种执矛的舞，与中原的礼制不合，有可能是取材于本地固有的"巴渝舞"。而高坐堂上的那位贵者，身穿短装，壁上悬挂着一张弓，看来是处于行射前后，但其服饰和置弓的处所，是与中原礼制不合的。

第三层左图为攻战图：中间有一横线将图像分为上、下两层，上层11人，分别执戟、矛、剑、弓、椎和盾等武器防御墙下敌人的进攻；下层有13人，为登高攻城的情景，或持戟而上，或被砍翻倒地，或接踵登攻，表现出战争的残酷性。攻城者没有使用云梯，只是沿两条所画的斜线蒙橹(大盾)俱前，这种攻战方法大概就是所谓的"羊黔"。《墨子·备高临》记："适(敌)人积土为高，以临吾城，薪土俱上，以为羊黔，蒙橹俱前，遂属之城，兵弩俱上。"具体地说，就是在敌城下强行堆积薪土，作为登城的凭借。战国初年，公输般曾"为楚造云梯之械"，云梯这种攻城重器，当时也许还未传至巴蜀地区。

第三层右图为水陆战争图像：也分为上下两层，左6人，前竖一旌旗，右4人，前竖悬有析羽旗的钩兵，表示两军对垒，阵式分明。双方交战已经开始，左阵初占上风。左阵第6人踞坐于地，双手各执一桴击打金

(丁宁)和鼓。

下层为舟战图像，双方共7人，均佩短剑，两舟对战。左边舟上4人，用力摇桨右冲；右边舟上两人，摇桨向左冲进，舟后悬一短剑，尾部系一小鼓；舟前一人涉水，一手持剑，另一手正欲推阻敌人前进之舟。这幅图从上下两层画面来看，应是水陆相互配合的攻战图。

青铜器错嵌金属花纹的技术，至少在春秋中期已经存在了，但所嵌错的花纹都不是图像纹。

> 图像纹流行于春秋末至战国前期，迄今已发现数件同类器，如故宫博物院收藏一件形制相同的壶，图像的内容也相同。传出土于成都白马寺的一件嵌镶铜壶，仅存下半部，残存画面为狩猎纹。

此外，还有数件器种不同，而图像与百花潭铜壶有共通之处的嵌错铜器，如：河南汲县三彪镇1号墓出土一对大鉴，通称"水陆交战图鉴"；《商周彝器通考》875鉴，图像内容为车猎戈射；《美帝国主义劫掠的我国殷周铜器集录》271、272有盖豆，校部是所谓采桑图，腹部是狩猎图，盖上是宴乐戈射，风格都与百花潭铜壶相似。此外，山西侯马遗址中出土了一件用来制造嵌错铜器铜胎的"采桑"图范，为战国早期遗物。这几种中原地区所出土的器物不晚于战国早期，百花潭铜壶当亦相距不远。嵌错技术应自中原地区传入，铜壶则为本地所铸。

这件铜壶的出土，为研究当时有关生产、生活、战争、兵器、舟楫、礼器、礼俗、服式、建筑和工艺美术等许多方面提供了重要的资料。

在以新都木椁墓为代表的巴蜀战国墓中，除这些具有楚风或中原风格的青铜器外，还有一部分巴蜀式器，有容器、乐器、兵器、生活用具等。

容器。典型的巴蜀式容器主要是釜、鍪、甑三种，或认为这三类器物本为秦器，是秦文化对巴蜀文化影响的结果，因为凡秦人足迹所到之处，基本上都有铜鍪等器出土，但是它们已晚至战国末期、秦代。陕西秦雍城等地的考古资料表明，铜鍪等器在秦地的出现已晚至战国晚期，而时值战国早中期之际的新都木椁墓已出现了铜釜、甑、鍪等。因此，铜鍪等器就是巴蜀的特有器物，是由蜀地早期的陶釜等演变而成的，因秦灭巴蜀而为秦所吸收,并因秦而传播于其他各地。

(二) 巴蜀式矛与剑

巴蜀式兵器主要有戈、矛、剑、钺、刀5种,即所谓"五兵"。五兵不仅用于军事,也用于王者大丧之礼——即《周礼·夏官》所云:"大丧廞五兵。"

戈 成都地区出土的蜀戈,一般分成五式。蜀式戈有其自身的发展演变规律,如三角形援戈,中原地区在西周中期便已消失,在蜀地则从西周时期的彭县竹瓦街青铜器窖藏,直至战国末期的成都羊子山172号墓,都有这种戈存在,时间跨度颇大。而新都大墓则同时出土有三种形制不同的戈,有三角形援的,有长胡的,还有上"胡"的,且这些戈成组成套,都为新铸,显然不是前代的遗留。李学勤先生认为中原青铜文化对于周边地区的影响,首先是表现在礼器方面,至于兵器、工具、饰物和其他日用器物,边远地区常反映出明显的地方特色。蜀式戈便是地方特色之所在。

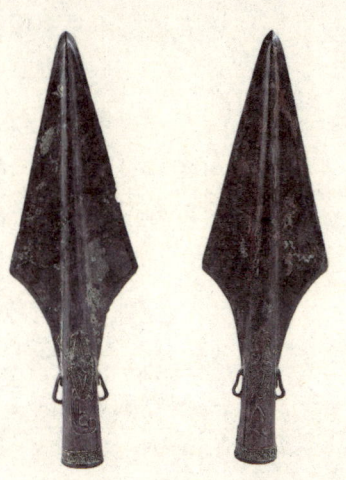

「巴蜀式矛」

矛 巴蜀式矛一般分为两式,即长骨交式和短骨交式,骨交的两旁有环钮(耳系)。巴蜀式矛是以弓形耳系显示其特征。

剑 巴蜀式剑即所谓"柳叶形剑",扁茎无格,剑茎与剑身同时铸成。多数剑茎两端有1~2个圆孔,以装木柄,利于手握。《后汉书·南夷西南夷列传》记:

巴郡南郡蛮,本有五姓:巴氏、樊氏、瞫氏、相氏、郑氏,皆出于武落钟离山,其山有赤黑二穴,……未有君长,俱事鬼神,乃共掷剑于石穴,约能中者,奉以为君。

「柳叶形剑」

"掷剑"似为巴人的一种特殊本领,也是巴人平时重视与熟悉的一种技能。这种独具一格的用剑方式流传甚久,《汉书·司马相如传》记司马相如"少时好读书，学击剑"，颜注："击剑者，以剑遥击而中之，而非斩刺也。"柳叶形扁格剑这一特殊形制，无疑非常适合于投掷这一特殊的搏击形式。涪陵小田溪1号墓出土此类剑8把，有7把集中在一起，长短有序，类似的情况在四川其他地区也有发现，可能是为便于掷击而置的。成都西郊战国墓出土铜剑鞘1件，呈袋形，侧附双耳，中以凹槽将其等分为两个剑室以容双剑，长28.5厘米。出土时，两把剑插在鞘内。这种双剑也可能是用以掷击的飞剑。

柳叶形剑最早出现于中原，陕西长安张家坡西周早期墓，北京琉璃河西周早期墓，甘肃宁台西周墓等均有出土，但传入巴蜀之后，经过发展，至战国时期成为一种有独特地方风格的武器。

钺 其形制独特，为"烟荷包式"钺。冬笋坝等地的巴人墓出土的铜钺，以圆刃折腰平肩式为主，也有少量的弧刃长方无平肩式钺。百花潭中学10墓、新都木椁墓等蜀人墓出土的铜钺为弧形刃，钺身基本上为长方形或腰部微收，平肩，肩以上内收作銎。巴、蜀式钺的差异由此可见。

冯汉骥先生曾说："以兵器言，蜀人似以戈、矛为主，而剑、钺次之；巴人则剑、钺为主，而戈、矛次之。"从所发掘的巴蜀墓来看，冯先生所言颇有道理。巴人墓都是钺、剑较多而戈、矛少；成都等地的蜀人墓则戈、矛较多，戈是蜀人的主要兵器，成都白花潭中学10号墓出土的兵器有戈11件、矛6件、剑1件、钺3件，新都大墓出土兵器也以戈为最多，达30件，连较小的成都战国土坑墓也出土戈6件。由此可见，巴人、蜀人对于兵器各有所好。

巴蜀式剑、矛、戈、钺等兵器，不仅形制特殊，而且纹饰符号非常丰富。这些纹饰符号一般是由两个以上的单独图像组合而成的，单独的图像据刘瑛先生研究，有如下数种：

（1）虎纹：多施于戈的援本部，矛的骨交部，剑身的基部。一般作侧面的图案形，只刻划 耳或两足，有的拖尾张口，有的扬尾张口，尾尖成钩状形，有的身有条斑；

（2）夔龙纹：身形似虎，头部略像龙，张口不吐舌，鼻尖有钩形，有的背上添翼者，属夔龙。犍为出土一件则类似蟠龙，龙首正视，颈、身弯曲，身有鳞甲，较少见。

（3）鸟纹：其形象有的形似翼鸟，大头、长嘴、短身；有的似鹰，嘴尖有钩，作飞翔状；有的张翼，有的翘尾。

（4）人形纹：有人首面目形，或双髻、单髻，或大耳；有跑、跪坐人形，或侧身佩剑、背身佩剑，或踞者佩刀；有立人形，或戴三角帽立形人，或双髻、腰佩剑立形人。

此外，还有兽面纹、蝉纹、云雷纹、蛇纹、蛙纹、蜂纹、蚕纹、虺纹、螭纹、鹿纹、船载旗罗纹等。

在巴蜀兵器上还有浅刻浮雕的象形符号，它们既可各自独立，又是互相组合的。这些复合纹样如分列成单个符号，据不完全统计，可达180余个，这就是"巴蜀图语"。"巴蜀图语"绝大部分出现于兵器上，但在乐器、金印等器物上也能见到。

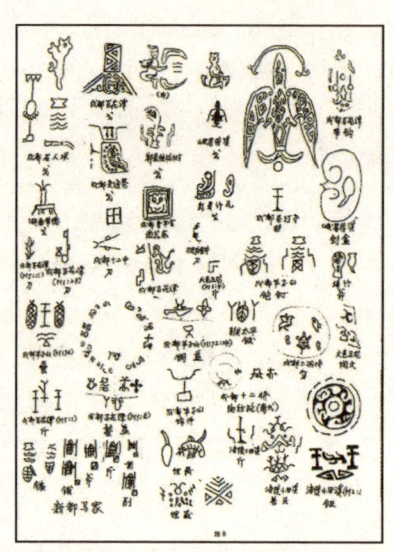

「巴蜀纹饰符号」

巴蜀图语流行于巴蜀地区，是不是文字尚难断定，或谓是一种象形文字。《蜀王本纪》称蜀人"不晓文字，未有礼乐"。考古资料已推翻蜀人"未有礼乐"一说，看来"不晓文字"的记载也未必正确。

生产工具。新都大墓出土的生产工具较为集中，有斧、斤、曲头斤、手锯、铜削、铜凿、雕刀等。

铜印章。巴蜀墓中出土的印章甚多，据初步统计，在20余座墓中出土印章40余枚。

> 巴蜀印章大体可分为两类，即汉字印和巴蜀符号印。汉字印出土较少，主要是巴蜀符号印。

巴蜀符号印章从外观上大致可分为5型，即：方印面，纽有鼻钮、錾钮两种；"山"形印面，鼻钮；长方印面，为长方体印台，鼻钮或兽钮；圆印面之一，为扁薄印台，鼻钮，这种印出土甚多，约占经统计的60%以上；圆印面之二，为圆柱体印台，或鼻钮，或鹰嘴形钮，或管钮。

上述印章内容，一般都是符号的集合，如果分解为单体符号，大致有三类：其一，为明显的象形符号，如罍、铎、戈、削、船、人、马、手、鸟、虫及其他动物；其二，为形象抽象但稳定，而且多次出现的基本符号；其三为暂不能掌握规律的其他符号，少量笔画硬直，绝大多数则曲屈随意。

玺印最早出现于何时？有人认为可早至商代，但迄今不见实物。目前实物与文献印证得较确切的是春秋时期，《左传》襄公二十九年记："季武子取卞，使公冶问，玺书追而与之。"此时的玺印实物也出土了数枚。

现所发现最早的巴蜀符号印是战国早期的，出土于荥经曾家沟。战国中晚期的印出土得就更为广泛，如巴县冬笋坝、昭化宝轮院船棺葬中，有印章的墓达20%。大量使用并随葬印章，成为巴蜀文化的一个特点。

根据所出土的巴蜀符号印章进行分析，或认为它们是具有标识、领有、称谓、徽记等一类实用性质的印章。

（三）巴蜀乐器

巴蜀墓出土的乐器较少，新都大墓出土编钟一套5件，涪陵小田溪出土错金编钟一套13件。编钟的出现，在上文中已经谈到与楚人关系密切。较具特色的乐器有錞于、钲等，尤其是錞于成为巴文化中具有代表性的器物。

从前文中可知，錞于在春秋晚期在长江下游地区得到了一定程度的发展，但这里出土的錞于数量毕竟有限。此外，在陕西、湖南、广东等地也出土有战国早期的錞于，但都属零星发现。因限于錞于的实际作用，尽管錞于播散范围大，却并没有得到真正的重视。直至战国晚期錞于为巴人所接受之后，才开始被大量铸造。

「双虎钮錞于」

在迄今已出土的70余件錞于中，出土地点非常集中，其中湘西出土40件、鄂西出土14件、川东出土4件、黔东出土5件。这些錞于或出土于墓葬，如四川涪陵小田溪2号墓出土的錞于；或发现于窖藏，且大多在河流两岸的山头上。窖藏的器物或与其他器物如钲、铎等同出，或单独出土。

这里出土的錞于时间跨度较大，从战国晚期直至东汉，但它们在形制、纹饰等风格方面保持着连续性，而与此前的早期的錞于的风格有着较明显的区别。在形制上，由早期的圆棱四方椭圆束腰形，变成了肩部突出、下为椭圆的直筒形。纹饰方面，其位置由隧部和口部转移到了顶端的钮下盘上，其内容也变成以船、鱼、虎、椎髻人首、手心、柿蒂、梭子形回纹为主的巴族铜器图案。钮主要为虎钮，而且出现了双虎钮，其造型风格与早期的作为装饰艺术的虎的形象有较大区别，而与四川等地出土的巴器如戈、剑等器物上的虎纹有着一致性，具有明显的象征意义。

根据现有的考古资料，秦灭巴、蜀之前，蜀的青铜文化水平高于巴。巴蜀于战国晚期亡于秦。《华阳国志·巴志》记："周慎王五年，蜀王伐苴侯。苴侯奔巴，巴王求救于秦。秦惠文王遣张仪、司马错救苴、巴，遂伐蜀，灭之。仪贪巴、苴之富，因取巴，执王以归，置巴、蜀及汉中郡，分其地为三十一县。"《后汉书·南蛮传》云："秦惠王并巴中，以巴氏为蛮夷君长，世尚秦女。"可见，秦对巴采取羁縻政策，至于对蜀，则实以直接统治。《华阳国志·蜀志》云："周赧王元年，秦惠王封子通国为蜀王，以陈壮为相。"秦国对于巴蜀的不同政策，直接影响了战国晚期巴蜀青铜文化的发展。

从已出土的青铜器来看，蜀地受秦文化的影响比较强烈，而且青铜冶铸业由盛而衰。成都金牛区发现的两座战国晚期墓，四川犍为蜀墓及成都羊子山172号墓等，出土铜器也不多，而且绝少精品。但是，巴地的情况正好相反，受秦文化影响甚微，保持着固有的文化传统，而且发展到了较高的水平。四川涪陵小田溪的3座土坑墓即出土了大量的青铜器，其中的错银铜壶、错金编钟等非常精良，所出虎钮錞于引人注目。

总的看来，巴蜀青铜文化在春秋中期以后获得了一定的发展，其发展程度的高低或许与楚文化或中原文化影响的强弱适成正比关系。

春秋战国时期长江流域的青铜器

曾楚争辉

> 早在20世纪30年代，郭沫若先生在《两周金文辞大系考释·序》中，将中国古代青铜器划分为南北二系，提出"江淮流域诸国南系也，黄河流域北系也"，并认为"徐楚乃南系之中心"。

在近半个世纪的岁月中，长江中下游地区取得了一系列重大考古研究成果，表明楚国青铜器作为南系之中心是当之无愧的。楚国的青铜冶铸不仅发达，还自成体系，独具风格，而且对周边地区的青铜文化有着重要的影响。因此，这里所说的楚系青铜器实际上已超出楚器的范围，还包括那些附属于楚国，或者即使不附属于楚国却具有楚文化特征的他国青铜器。其中最典型的为曾国，这里一并介绍。

（一）楚器风采

从20世纪50年代，在楚国故地的湖北、湖南、安徽、河南等地出土了一批又一批楚国青铜器，数量惊人。尤其是近二十年来，楚器的发现如同波涛汹涌，一浪高过一浪。源源不断出土的楚铜器美不胜收，令人目不暇接，眼花缭乱。

楚国青铜器的出土地点虽然广泛，但大部分青铜器还是较集中地出土的，主要出土地点有湖北的江陵、当阳、襄阳，河南的淅川，湖南的长沙，安徽的寿县等地。

所出土的楚器，从西周晚期至战国晚期的各个阶段都有，几乎没有缺环，尤以春秋中期至战国中期的器物最为丰富，这也是楚国的青铜冶铸业在春秋中期开始崛起乃至于昌盛的直接体现。

1. 楚国青铜器的组合形式

在迄今已发掘的5000余座楚墓中，有100多座墓葬出土了青铜器群。由于墓主身份不一，墓葬规模的大小不同，器群的组合因而有差异；随着时间的推移，器群的组合也有着相应的变化。器群的组合形式主要是通过礼器和乐器反映出来，是礼乐器中的最基本器类。

大型楚墓随葬青铜器丰富，其组合状况较为特殊，一般呈复合组合形式。

> 所谓复合组合是指礼器、乐器齐备，所有重要的铜礼器一应俱全。礼器包括有食器、酒器、水器，食器又可分为烹饪器、盛食器，烹饪器由鼎、鬲、甗等器物构成，鼎类又有若干不同的型式。

迄今已发掘的大型楚墓仅数座，如河南淅川下寺1、2号墓，湖北江陵天星观1号墓、湖北荆门包山2号墓、安徽寿县李三孤堆楚幽王墓。这几座墓墓主身份最高的是楚王，最低的是左尹，都是楚国的上层贵族。

上述大型楚墓除天星观1号墓因被盗可以不计外，另外几座墓出土的青铜礼器、乐器为：

淅川下寺1号墓：礼器共36件，乐器有钮钟一套9件。墓主为令尹配偶。

下寺2号墓：礼器共52件，乐器有甬钟一套26件。墓主为令尹，墓曾被盗扰。

荆门包山2号墓：礼器共59件，乐器有铜铙1件。墓主为左尹。

各墓出土的礼乐器与墓主的身份是吻合的，上述几座墓墓主身份相差不大，所随葬礼乐器也大体相同。可见，墓主的等级不同足以通过器物的组合形式反映出来。

在中型楚墓中，铜器的组合形式比较单一，由烹饪器、盛食器、酒器、水器、盥器的一种或两种构成。不见乐器。楚国从春秋早期开始便形成了有别中原地区的礼器组合形式，这就是以簠易簋，由鼎簠组合取代鼎簋组合，表明早在春秋早期，楚国在礼制方面已显示出了自己的特点。此外，在组合形式中与中原地区还有其他器类的区别。

它们的组合形式有着各自的演变规律，春秋战国之际将其划分成前后两大阶段，其区别在于战国时期楚地是以敦代簠，以壶代缶；中原地区是以豆代簠，以壶代罍。战国中期时，两地的组合形式都是鼎、敦、壶、盘、匜，反映了文化统一的趋势。而敦为楚地的基本标志物之一，或者反映了楚文化对中原文化的影响。

小型楚墓出土铜器较少，组合形式不完整，基本的组合只有鼎和另外

春秋战国时期长江流域的青铜器

一种器物。

在楚国青铜器群的三种组合形式中，第二种有着极其分明的演变规律，是表明楚铜器组合形式特征及其演变规律的有代表性、典型性的一类组合形式。

2.楚礼器的类别及器形特征

一般而言，礼器由食器、酒器、水(盥)器构成。食器主要有鼎、鬲、甗、簋、簠、盆、盏、敦、盒等；酒器主要有壶、尊缶、盉及承方壶之禁等；水(盥)器主要浴缶、鉴、盘、匜等。典型器类及器形特征如下：

鼎　鼎居礼器之首。周代任何一种区域文化的铜礼器的风格，无不较为集中而且较为生动地体现在鼎上。楚国的鼎有富于个性的形态变化系列，以至于可以称之为楚式鼎。

> 业已出土的楚鼎，依形制上的区别，可分为下列几种：折沿直耳鼎、折沿附耳鼎、折沿附耳束颈鼎、凸棱子母口盖鼎、束腰平底鼎、小口罐形鼎。

在这几种形制不同的楚鼎中，仅见折沿直耳鼎、折沿附耳鼎出土于春秋早期的楚墓中，其中又以折沿附耳鼎为主。楚国青铜文化的早期发展阶段，受中原周文化的影响十分强烈。

至春秋中期，楚鼎的风格为之一变。折沿附耳鼎不再出现，与中原地区的此型鼎自春秋中期起趋于衰退基本一致。各地楚墓大量出土的楚鼎有：

折沿附耳束颈鼎。此型鼎由折沿附耳鼎发展而来，此时的楚人已不满足于模仿了，他们当国力强盛时，所树立的铸造青铜器的标准是以创造为主，根据自己的传统，按照自己的审美标准，表现自己的风格和气派。于是，将不束颈变为束颈，把不折肩变为折肩，并加圈顶盖，使全器轮廓由简单渐变为复杂，体态由浑朴渐变为精巧。

这类鼎形体大小不等，大者应是周代用鼎制度中用作烹煮物体的镬鼎，小者功用如何，要从出

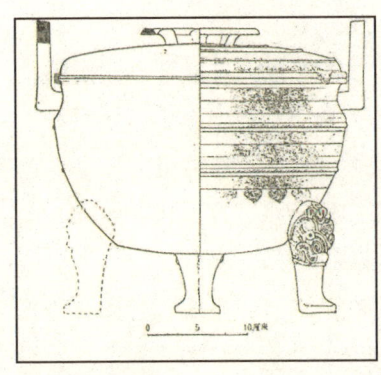

「折沿附耳束颈鼎」

土鬲类鼎的实际状况去判断，或起镬鼎的作用，或起羞鼎作用。

凸棱子母口盖鼎。这类鼎初见于春秋中期的楚墓，淅川下寺8号墓出的楚叔之孙以邓鼎，自铭为"饮䥯"。其形制为子母口、附耳、有盖、鼓腹、圜底、蹄足。

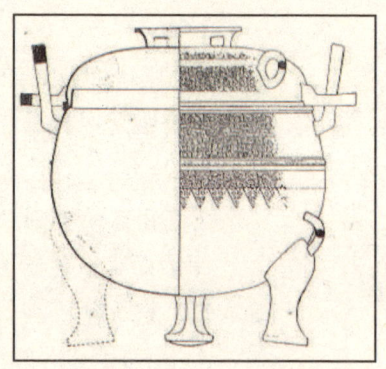
「凸棱子母口盖鼎」

该类鼎应也是由折沿附耳鼎发展而来的又一分支，楚人因为礼制的需要，并为与于鼎的功用相区别，而改变某些部位的形制而铸造的此型鼎。

䥯鼎或镬鼎是楚人对鼎类形态的创新，属于典型的楚式鼎。其在器形上的演变趋势为：鼎体从圆圜形到纵长椭形再到横长椭形；腹底由圜底到坦底近平；足部由矮到高；这类鼎一律有盖，盖顶由圈柱钮到兽钮衔环并在周缘又有三个环钮或龙形环钮。都有纹饰，春秋时期盛行蟠螭纹等龙纹，战国时期简化成变形龙纹或几何纹。

与于鼎、䥯鼎出现的同时或稍后，楚人又铸出了两种造型奇特、风格独异的铜鼎。

之一，束腰平底鼎。根据现有的考古材料，铜鼎仅限于楚文化区内，仅限于大型楚墓中发现，是显示楚文化考古学特征的一种重要器型。

这类鼎自铭为鼾鼎，鼾的形符是鼎，声符是升，此字即由声符而得义，故一般以升鼎称之。升鼎这种楚国上层贵族的专用随葬品，在春秋中晚期之际，已铸造得尽善尽美，如淅川下寺2号墓出土的王子午升鼎，共7件，形制相同，大小相次。有盖，侈口，方唇外折，外撇耳，颈内收，束腰，腹微鼓，平底，蹄足；鼎腰有半圆形腰箍一道；器身等距离附有怪兽6个；鼎足粗大，上部铸有兽面、兽鼻，亦铸作怪兽状；器身满饰纹饰。鼎的造型气势不凡，铸造精美。

升鼎的独特之处在于束腰、平底、外撇耳，腹周有攀附兽。

「王子午鼾鼎铭文」

束腰是对鼎这一沿袭已久的传统器形的最大的

突破，束腰的产生或者是出于视觉效果上的考虑，反映了楚人对灵巧、生动的喜好，也足以让人联想到以细腰为美的楚俗。升鼎的束腰有由紧到松的变化，楚幽王墓所出升鼎的腹部已近桶形，但略作束腰与腰上有凸带这一特点仍保留着。

平底也是对商周以来传统圆鼎的形制的一种改变。平底只见于方鼎，如著名的司母戊大方鼎，传统的圆鼎只使用圜底。而圆形的升鼎却是在以优美柔和的圆弧线为主构成的器形中，引入了方硬而富有力度的水平横线。腹底由圜变平，方折的口沿、底沿和耳沿，与外撇耳、蹄形足和内收的鼎腹等部位的圆弧线形成对比，刚柔相济，视觉效果大为丰富，节奏盛也变得鲜明强烈起来。

「王子午升鼎」

束腰与平底这两项形式上的改进，彻底改变了作为青铜礼器最主要器类的鼎之传统形象，将传统方鼎的宏伟建筑感与传统圆鼎的庄重神秘感有机地糅合在一起，从而创造出一个全新的富于时代气息的青铜大鼎形象。而且，束腰、平底、浅腹的设计，使升鼎的实用空间变小，感觉空间变大，利用错觉让祭祀之用的牲肉等鼎实达到以小充大，以少为多的目的，以充分满足良好的视觉效果的需要。

外撇耳是呈放射状的弧形耳，一对外撇耳也确实赋予了凝重的大鼎以向上张扬的态势和灵活生动的感觉。

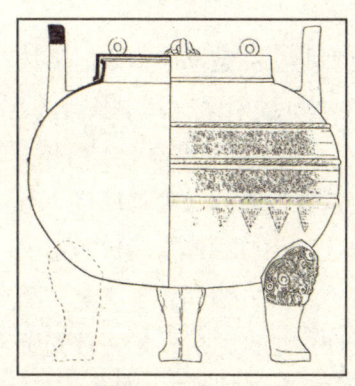
「小口罐形鼎」

攀附兽则表现出楚人敢于突破周文化传统的气派。在器物腹部附上华丽的装饰，是春秋中期以后见于各地的风尚。但在其他地区，这种装饰只是见于壶、鉴等器物，在鼎体上罕见。楚式鼎中，也唯有升鼎装饰有这种精巧的附饰。这种附饰即使升鼎显得雄浑壮观，或许还反映了楚人的某种心态。著名的"叶公好龙"的故事出自楚人，这种附饰也具有龙的形态，这可能也是楚人好龙的生动写照。

升鼎这种有别于传统的深腹圜底鼎造型的全新工

艺形象，既是文化素养颇高的楚人大胆创新的结果，也是国势强盛后的楚人为维护自尊，与中原诸国分庭抗礼之下的时代产物。

之二，小口罐形鼎。这也是楚式鼎的一种，迄今已出土10余件，从春秋中期至战国晚期的各个阶段都有发现。

春秋中期的有淅川下寺1、2、3号墓各出土的1件，其中2号墓出土的1件为有盖，直颈，鼓腹，圜底，蹄足。鼎肩部及腹部饰蟠螭纹带各一周，三足上部浮雕兽面。通高41.5厘米。鼎盖及口沿各有篆书铭文一行8字："楚叔之孙，倗之䥽鼎"。

下寺3号墓出土的1件形制相同，却自铭为"浴繁"。

这两件小口罐形鼎形制相同，器主相同，都为"楚叔之孙倗"，何以名称不同，是同器异名，还是其他原因？为汤的通假字，䥽鼎即为汤鼎，在荆门包山2号墓、江陵望山2号墓等出土的竹简遣策上即直接写成"汤鼎"。浙江绍兴306号墓出土的一件战国早期同类器也自铭为"汤鼎"。《说文》记："汤，热水也。"因此而认为汤鼎即为煮开水的鼎，这几乎成为定论。

> 有学者研究后认为汤鼎还可以作烹煮肉食即肉汤之用，而非仅仅煮热水、开水一种作用。该器一器二名，名称不同，表明实际功用也有区别，即"汤鼎"为煮肉汤的鼎，"浴繁"是煮热水、开水用的鼎。前者可划归食器类，后者可划归水器类，如同浴缶一类，为沐浴、盥洗用之器。

考古资料表明，其一器二用之说是颇有道理的。在楚墓中，如信阳长台关1号楚墓、长沙浏城桥1号墓都出土有两件小口罐形鼎，其中长台关1号墓出土的遣策上有"一汤鼎"的记录，那么另一件有可能即为浴鼎了。

虽然汤鼎主要出土于楚国的大中型墓中，且自成系列，独具风格，但早在楚国所铸汤鼎之前，江淮地区已开始铸造这种小口罐形鼎。1979年于安徽繁昌出土一件此型鼎，其扁圆鼓腹，有盖、直颈，两耳立于肩上，圜底蹄足，简报确定该鼎属春秋早期。楚人立足江汉地区之后，矛头首先所指的就是江淮地区，楚人将其纳为已有并予以改造是顺理成章的事情。

春秋战国时期长江流域的青铜器

在东周时期,作为铜礼器之首的鼎既集中地体现着各区域文化铜礼器的风格,又是礼制的中心,是各级贵族地位、等级高低最重要的标志物。

先秦时期的鼎,因其功用不同而导致形态上的差异。根据它们使用目的的不同,可以分为三大类,即镬鼎、升鼎和羞鼎。在这几大类中,又以正鼎(或称升鼎)为中心。正鼎的使用制度是其礼制的具体体现。

根据已出土的楚鼎进行研究,楚的正鼎由两类构成:一类为继承西周传统鼎型的圆腹圜底鼎,一类为楚人独创的束腰平底鼎。这与中原地区的鼎列只有一个类型即圜底鼎,本身就是区别。

楚国的圜底类正鼎存在着两两相对的特点。淅川下寺2号墓墓主为令尹,出土5对对鼎。从数据所示,每一对对鼎大小相同,而每对对鼎之间大小有差异,对鼎的序列呈大小相次的状态,这与中原地区一件一件地大小相次明显地不同。

可见,楚国的圜底类正鼎是由大小相次的对鼎组成鼎列,它是表示墓主身份高低的重要标志之一。

楚国的束腰平底类正鼎鼎列的构成,与周制有相同处和相异处。相同处是大小相次,相异处是大小相次的方式不同,和圜底类正鼎一样,按大小相等的对鼎依次递减。

总之,楚鼎鼎列的构成与众不同。楚高级贵族(包括左尹以上至楚王,相当于周制的诸侯和卿)使用圜底类正鼎鼎列为5对以上,楚王墓可多达10对以上。同时还使用束腰平底类正鼎2件、7件、9件不等:

楚中等贵族(相当于大夫级)用对鼎2对至4对;

楚下等贵族(相当于士),用一铜鼎、一对铜鼎或陶鼎。

中下等贵族墓使用两类陶质正鼎的对鼎的数量往往多于铜对鼎的数量

(刘彬徽《楚系青铜器研究》,湖北教育出版社,1995年7月)

楚国的用鼎制度,显然是在周礼的基础上变革、创新的结果,是楚人"不与中国之号谥"的具体体现。

簠 簠与簋的功用相同,为祭祀和宴飨时盛放黍、稷、稻、粱等饮食的器具。《周礼·舍人》记:"凡祭祀共簠簋。"其在中原地区主要盛行于西周末春秋初。在楚地则自春秋早期开始备受楚人青睐,在上文所述的楚礼器组合形式中,以簠易簋,成为组合中的最基本器类,便是明证。

楚墓出土簠的数量较多，且从春秋早期至战国晚期的各个阶段都有出土，楚簠自成系列，有着自身的演变规律。

楚簠一般铸造较精美，淅川下寺8号墓出土4件，形制与中原地区同期的簠，如山西长治270号墓出土的簠，基本相同，但后者素面，下寺楚簠的器表及器盖顶部均饰蟠虺纹，并均铸有铭文。

「簠」

敦　敦为盛食器，出现于春秋中期，盛行于春秋晚期至战国晚期。在楚系青铜器中，敦是重要的一种，尤其是在楚国战国早中期的青铜器组合中，敦为基本器类之一。

楚墓出土的敦有两种不同的形制，一为盆体敦，一为圆体敦，它们是有着前后演变关系的两个类型。

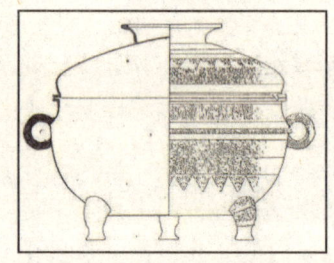
「盆体敦」

盆体敦出现得较早，河南淅川下寺7号墓出土的1件为所知最早的，有盖，方唇外折，鼓腹，环耳，平底，三蹄足。盖作覆碗形，顶部有环状握手。盖上饰有蟠虺纹两圈及变形蝉形一周。口沿上及腹部也各饰蟠虺纹各一周。肩上饰凸起的陶索纹，腹下饰变形的蝉纹一周。通高18.3厘米、口径23.3厘米。原报告称此器为盏。

淅川下寺1号墓出土的1件稍晚，有盖，敛口，颈微束，腹略鼓，腹侧有环耳，圈底三足。盖正中有平环握手，握手由八组对称的螭纹盘绕而成，螭首向上或向外，螭身卷曲盘绕，螭尾接于器盖。握手外有陶索纹、蟠虺纹、蟠螭纹所组成的纹带两周。器身饰陶索纹、蟠虺纹带各二周及锯齿纹一周。器腹有对称的圆环耳及龙首环耳各一对。龙首环耳由两对蟠螭纹卷曲盘绕而成。三器足亦由多条螭纹卷曲盘绕而成兽首状。握手、器耳、器足均由失蜡法铸成。通高19厘米、口径23.3厘米。此器铸造精工，纹饰华丽，代表着楚国铜器的铸造水平及风格。

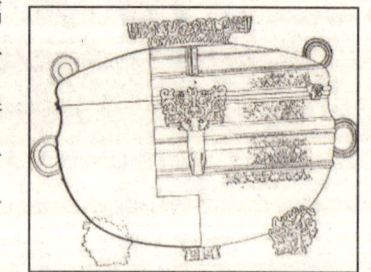
「盆体敦」

春秋战国时期长江流域的青铜器

盆体敦被称为盏,除器形与西周以来的平底盆、盂相似之外,还有出土的此类器自铭为"盏"。1987年出土于湖南岳阳筻口凤形嘴1号墓的1件器,有铭文2行8字:"惠儿自作铸其盏盂。"根据其铭文字体、器形、纹饰,为楚器无疑。此器与下寺1号墓出土的盏非常接近,其耳、足上的蟠螭纹虽不如下寺1号墓的盏繁复。

1976年于随州市郊义地岗出土的一件属春秋晚期,比上件稍晚,也自铭为"盏"。盏高11.5厘米、径13.2厘米,盖、器同铭,为2行6字:"赊于颁之行盏。"

在楚地,当时不仅把盆体敦称为盏,连圆体敦也称之为盏。楚幽王墓出土的一件敦(现存半器),半球体,下有三小足,素面,口沿有铭文1行5字:"大膂(府)之馈盏"。

此外,在江陵望山2号墓和荆门的包山2号墓出土的竹简遣策中,也有"二合盏"、"二楗(盛)盏"的记录,经与出土实物核对,望山2号墓的"二合盏"是指墓中出土的2件陶敦,同墓出土的铜敦被称之为"盌",盌、盏为同器异名,盌就是盏,包山2号墓的"二盛盏"是指同出的2件铜敦。

> 盏是楚文化区内对敦的一种独特称呼,具有地域性特征,二者同器异名。

至春秋晚期,楚地的盆体敦演变成圆体敦,圆体敦迄今所发现最早的出土于淅川下寺10号墓,整体呈正圆球形。由盖、身合成。盖和身均呈半球状。敦盖除口沿处有两个对称的环钮外,顶部有三个等距的竖环钮,口沿下扣合处还有四个等距的边卡,器身上腹附两个环钮,下部有三个短小蹄足。盖顶正中饰涡纹,外有蟠虺纹及陶索纹各一周,近盖沿处饰陶索纹和三角纹所组成的纹带二周,及窃曲纹带一周。敦腹纹饰与盖相同。通高23.5厘米、口径22厘米。

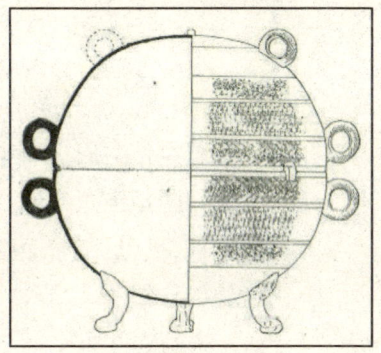

「敦」

至战国早期，圆体敦演变成熟，器体为圆体或椭圆体，器盖和器身的钮与足相同，即上下对称，与淅川下寺10号墓出土的敦上下不对称有别。这种上下对称的敦是战国时期流行的主要器型，是楚铜器在战国时期流行的主要器类之一。襄阳蔡坡4号墓出土的一件此型敦即为同型敦中最早的，时属战国早期。

在各地出土的敦中，楚敦最多，其中盆体敦达12件，铜圆体敦已达数十件，陶敦数量则多至难以全部统计。无论盆体敦、圆体敦，都是楚地率先出现，而且由盆体敦演变成圆体敦，线索清晰，没有缺环。就器形而言，楚系圆体敦的造型和装饰都别具一格，器体作和谐的圆形，器钮、足为对称的弯曲成S形的龙形，且铸有如行云流水般的图案，其精致者更镶嵌动物和几何形花纹，锦上添花，相得益彰。

总之，楚墓所出土的敦，从造型到装饰，独具特色，反映了楚文化的风格和发展水平。

壶　酒器。楚墓出土的铜壶有3种不同的类型：方壶、铺首壶、提链壶。

「壶」

方壶在春秋、战国时期的楚墓中都有出土，最具代表性的为淅川下寺1号墓出土的两件。两件大小、形制相同，壶上有冠，中空，四壁镂出蟠虺纹，壶冠下沿四边各有兽首边卡4个，卡住壶口使盖冠不易脱落。口外侈，弧颈，颈侧有双龙环耳，垂腹，长方形圈足，圈足下有双虎承托。壶颈上满饰花纹，可分为上下两部分，下饰蕉叶纹，在大片的蕉叶纹之内填以细小的蟠虺纹，下部为蟠虺纹带一周。壶腹四壁起脊呈十字状，在横脊的上部饰蟠虺纹，下部素面。圈足饰蕉叶纹。龙耳龙头向上，尾向下，其前足攀附于壶颈上突出的方柱，后足蹬着壶腹，凹腰卷尾。龙首高鼻，突眼，上吻外翻，整个龙身饰以纤细的蟠虺纹。圈足下双虎作踞伏状，以背承壶，虎身饰纤细蟠虺纹。通高79.2厘米。

这两件方壶高大壮美，纹饰繁缛精细，尤其是龙形双耳和虎形双足极具动感，给人以美的享受。

下寺2号墓出土有承壶的禁和失盗后残剩的一盖冠，以禁之精美可推测所承之壶的精美程度，其至少不会逊于下寺1号墓所出土的壶。

下寺方壶是楚系方壶的代表作，较之其他地区所出土的方壶，楚方壶也不失为佼佼者。

所谓铺首壶是指有铺首的深腹壶，战国时期的楚墓出土有这种型式的壶，如襄阳山坡4号墓、荆门包山2号墓、江陵望山2号墓、楚幽王墓等都有出土。形制早晚有所区别：腹部最大径由中腹渐移至上腹，圈足也不断增高。

「壶」

包山2号墓出土铜壶6件，皆铺首壶。形制有所区别，为束颈溜肩壶、直颈平肩壶、短颈圆肩壶3种。其中直颈平肩壶通体错红铜龙形卷云纹：兽面中间为三龙相戏，外圈为两周二方连续勾连云纹；颈、肩部和下腹部各饰两周二方连续相背对称龙纹图案；肩腹部饰一周二方连续相对对称龙纹图案。非常精美。

提链壶是指有提链系于肩侧便于提携的圆壶。淅川下寺3号墓出土1件，为已知最早的。该壶保存完好。有盖，方折沿，长颈，瘦腹，平底，底附三小兽足。此壶提链设计十分巧妙，主要用两根两端具有小圆环的直链和器盖相套，并固定于器颈的两环耳上，使器盖不致脱落。壶盖上浮雕盘龙1组，壶身饰简化的蟠虺纹带5周及三角蝉纹1周，三足铸成兽状。通高19厘米。

「提炼壶」

在战国中晚期的楚墓如江陵雨台山480号、江陵马山1号、长沙烈士公园3号墓都出土有提链壶，其共同特征也是瘦长形，颈部细长，下腹有3个鼻钮，饰规整而纤细的云雷纹。

总之，楚式提链壶与中原地区的同类器有一定的区别，楚器秀美而精巧，为中原器所不及。

禁　禁是承尊、壶等酒器的器座，迄今只见3件传世品、3件出土品。传世品为西周时期的，出土的三件一件出土于陕西宝鸡，西周时期的，另两件见于楚系墓葬中，一为淅川下寺2号墓出土，一为曾侯乙墓出土，十分精美，以前者尤甚。

淅川下寺2号墓土的禁，禁体呈长方形，周围由三层粗细不等的铜梗所组成：内层粗而直，起主干作用；中层铜梗稍细，由下而上向两侧伸出后

「禁」

上弯；外层铜梗最细，呈相互独立的卷草状。内、中、外三层铜梗相互套结，形成网络状结构，十分繁复、华丽。禁身四周攀伏有12个立雕怪兽，怪兽有角，张口伸舌，前爪攀附禁沿，后爪紧抓禁外壁。禁下有虎形足12个，虎首饰高冠，昂首吐舌，挺胸、凹腰、扬尾。前足前伸，后仅有一管状足，支撑器身。禁通高28.8厘米、通长131厘米、通宽67.6厘米，重94.2千克。整个器体庄重瑰丽。

鉴《说文》："鉴，大盆也。"其用途广泛，可以盛水，可以照容，可以盛冰，还可以沐浴。用于照容是在铜镜盛行之前，甲骨文的鉴字即作象形字，像人俯首于鉴上以照看面容。盛冰见于《周礼·天官·凌人》："祭祀共冰鉴。"此时鉴是与缶配合组成鉴缶，用作酒器。用作沐浴的鉴要特别大，《庄子·则阳》有"灵公有妻三人，同鉴而浴"的记载。

「鉴」

楚墓出土的鉴仅数件，并只出土于少数几个大贵族墓内。下寺2、3号墓出土的两件为所知最早的。这两件形制相同，为敞口，方唇，直领，斜腹内收，平底，矮圈足。器两侧有半环状双耳，耳上部铸成兽首状。颈部及腹上部饰有蟠螭纹和三角纹所组成的纹带各一周。肩部饰绹索纹一周。2号墓的一件高21.4厘米、口径39厘米。3号墓的一件高20.5厘米、口径39.8厘米。河南淅川徐家岭出土的一件春秋时期蟠螭纹铜鉴十分精美。

包山2号墓出土两件大小形制相同的鉴，同出的竹简遣策记有"二鉴"，二者相符。形制与下寺鉴区别不大。

楚幽王墓出土圆鉴3件，形制相同，大小相近，口沿较宽，无颈，圜

春秋战国时期长江流域的青铜器

底近平,腹有4个铺首衔环耳,高45厘米、口径77厘米、重69.4千克。是已知最大最重的鉴。

战国晚期的楚鉴还出土有一件,1973年于江苏无锡前洲出土,器体较小,高仅25厘米、口径54厘米。有铭文,其大意为:我陵君王子申攸铸造铜鉴;王子申攸在苾临岁尝之礼的时候,用它来祭祀皇祖,馈食父兄。王子申攸无止境地永远在馆里使用它。

陵君鉴与楚幽王鉴形制相近,但大小悬殊,但从铭文可知楚人对鉴的重视程度。

「盘」

盘 盛水器。商周时期宴飨时,宴前饭后要行沃盥之礼,《礼记·内则》记:"进盥,少者奉盘,长者奉水,请沃盥,盥卒授巾。"沃盥时盘匜(或盉)配合使用,以匜(或盉)浇水于手,以盘承接弃水。西周中期之前流行盘盉相配,西周晚期直至战国时期则多为盘匜相配。战国以后,沃盥之礼渐废,盘也被"洗"取而代之。

楚墓出土的铜盘据初步估计,有从春秋早期至战国晚期各个阶段的50余件。其形制早晚有一定变化,主要体现在耳、足上。早期的为圈足盘,如枝江百里洲出土的春秋早期铜盘。中期的为三足盘,是盘底无圈足,以蹄形足或三环钮形龙形足取而代之。淅川下寺7号墓出土1件,大口、浅腹、圜底,上腹部有对称的两个方环耳,底部有蹄足3个,蹄足上部铸作兽首状。通高10厘米、口径38.4厘米。

下寺2号墓出土的1件与之相比又有了变化,主要表现在耳部,为四个相对称的环耳,其中一对还在小环之内套有大铜环。此盘铸造甚精,三个环形足铸

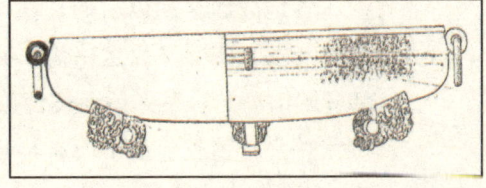

「盘」

成螭体卷曲形,螭首的口向上衔住盘腹底部,两足着地,其顶托之状,栩栩如生,极具动感。与同期中原地区的素朴无纹的盘相比,楚盘要精美得多。

战国早期之后,楚盘由有足变成无足,这是楚盘发展的第三个阶段,

直至楚亡，这种盘在楚地流行。大者如楚幽王墓出土的盘，口径79厘米，且腹有四环耳，简陋者或无耳。

盘是楚礼器组合中不可或缺的一种。

匜　匜是盥手注水之器，与盘配合使用，最早出现于西周中期。

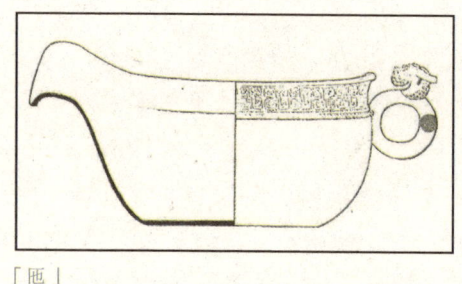

「匜」

楚匜所见最早者为两周之际的楚嬴匜，是传世品，有四足，为当时的流行器形。枝江百里洲出土的春秋早期匜，形制之与相同，纹饰则有所变化。淅川下寺7号墓出土的为三足匜，窄沿，束颈，深腹，平底，前部有流，流上有盖，流盖铸成兽首状，匜尾也内收而上翘。后部有环形錾，錾上铸龙首1个，三小蹄足。它是已发现的最早的1件三足匜。

淅川下寺8号墓出土的铜匜兼具新旧两种因素，为典型的过渡性器物。流为敞口，保持着固有的传统。底为平底，为新创的形式，在楚地延续至战国晚期。

下寺2号墓出土的铜匜铸造精美，为楚式匜的代表，敛口，腹壁俯视作桃形，前有流，流有盖，盖饰兽面，卷唇张口。匜后有半环形夔龙錾，夔龙昂首卷尾，生动别致。匜底有铭文"匜之盥盘"。此器自名为盘，应是误刻。

「匜」

各地战国早期以后的楚墓所出土的铜匜，器形又为之一变，流为敞口，錾由龙形变成环钮，全身素面。如襄阳山湾23号墓，信阳长台关楚墓等出土的铜匜如出一范。

总之，楚匜经历了由有足到平底，由龙形錾到环钮錾，由装饰华美到素面无饰的发展阶段，这和其他典型楚器的演变过程是一致的。

3.楚乐器的类别及器形特征

古代有"八音"，即金、石、丝、竹、土、木、匏、革。"金"是指用青铜铸造的乐器，主要是钟，其次有钲、铙等。

春秋战国时期长江流域的青铜器

钟　八音之中，楚人所爱以钟为最。尚钟之风，于楚为烈。诸夏以鼎为宝器，或称重器，九鼎是王权的象征。两国交兵，胜者入败者的国都，往往要迁其重器。楚国的重器却是钟，据记载，公元前506年，吴师入郢都，"烧高府之粟，破九龙之钟"。烧粟，是为了破坏楚国的经济实力；破钟，则象征着击碎楚国的王权。

楚人尚钟，当因钟为八音之首，是古代礼乐制度的重要载体之一。在诸夏，礼与乐相须为用，礼非乐不行，乐非礼不举。礼乐制度作为诸夏社会政治生活中的最重要内容，无疑是楚人仿效的对象。但楚人富于创新精神，并具有"不与中国之号谥"的心态，这就决定了楚人在仿效的同时决不可能去照抄照搬，而必定对礼乐制度多所损益，以建立适合本民族特点的礼乐制度。在礼乐器中，唯一能与礼器之首"鼎"对举的是钟，钟也就为楚人所宠爱，并以钟代鼎，赋予钟在礼乐制度中的重要地位，钟从而成为了楚人的宝器，甚至成为王权的象征。可以说这是楚人损益中原礼乐制度的一项重要内容，是对礼乐制度有所创新的结果。

孔子曰："移风易俗，莫善于乐。"让人耳听"正言"，目睹"舞容"，可以"耳目聪明，血气平和"，从而达到"易风移俗，天下皆宁"的目的。西周时楚人"僻在荆山"，与蛮夷为伍，处于一种亦夏亦夷、非夏非夷的尴尬地位，要站稳脚跟并欲有所发展，就必须或者完全地"变服从俗"，或者"移风易俗"。如果说前者对于与华夏有着千丝万缕联系的楚人来说不易行得通，那么利用礼乐，实以教化以达到移风易俗的目的，应是切实可行的。因此，聪明的楚人实以编钟制度以先声夺人，因钟、铙之类的乐器，也正是在该地区聚居的越人中流行的，最早的甬钟就是由越人铸造的。投其所好，笼络其心，以征服其地。楚人尚钟，无疑有其较深的文化背景。

迄今所知的早期楚器几乎全部为钟，如楚公家钟一套4件，楚公逆镈，楚公逆钟一套8件等。尤以新出的楚公逆钟具有代表性。

楚公逆钟于1993年出土于山西天马——曲村遗址北赵晋侯墓地64号墓，出土的8件甬钟形制相似，甬断面略呈方形，上端有浅涡及3个沟槽，舞两面微向下倾，钲、枚、篆各部位均以双阴线划分，双阴线之间排列乳刺，枚为平顶两端式。舞部饰宽阳线卷云纹，旋饰云目纹，篆带饰蝉纹，鼓部中央饰龙、凤、虎纹，左侧以穿山甲为基音点。钟内有调音槽一道。钟甬高18.5厘米、舞修24.3厘米、栾长32.4厘米、铣间28.8厘米，通高51厘米。钲及鼓部右侧有铸铭68字。

钟铭说楚公逆得到四方首领入贡的九万钧红铜之后，"自作和齐锡(璗)钟百肆"。"和齐"，指钟声谐和；"锡钟"，也见于楚公家钟，意即用优质金属铸成的钟。"百肆"，指编钟的数量。《周礼·小胥》记："凡悬钟磬，半为堵，全为肆。"郑玄注："钟一堵，磬一堵谓之肆。"又《左传·襄公十一年》记："歌钟二肆。"杜注："肆，列也，悬钟十六为一肆。"根据已出土的西周编钟，至多者包括楚公逆钟为8件一套，"一肆"在当时应指8件一套的编钟。"百肆"不免有夸张的成分，但仍可说明当时楚国铸造编钟的数量是庞大的，已具备了较高的青铜冶铸水平，并形成了一定的规模。

> 钟分为甬钟、钮钟、镈钟三类，各有从大到小不可颠倒失次的组合关系，因而又称为编钟。

有人认为：编钟制度的形成，以及以编钟制度为中心的西周乐制的确立，是在西周晚期。此时编钟制度的形成是因为具备了以下几个条件：其一，编钟的普遍存在；其二，八件成组编钟的出现；其三，甬钟的右鼓出现第二基音标志，表明"西周编钟有意识地正式使用第二基音。"其四，八件成组的编钟已有一定的音阶规律；其五，大多数钟上有铭文，并且有着一定规律的排列格式。楚公逆钟是否有一定的音阶规律，简报未能言明，但成套编钟的出现，以及以穿山甲为标志的基音点的存在，不仅说明了楚人当时对青铜铸造工艺的认识与把握的成熟性，而且还可以说明以编钟制度为中心的乐制，是先于以鼎簋制度为中心的礼制在楚国形成、成熟的。

春秋、战国时期的楚钟除传世品外，迄今已出土数套，主要有：

（1）淅川下寺1号墓出土钮钟一套9枚。

（2）下寺2号墓出土的王孙诰甬钟一套，共26枚，其形制相同，大小相次。

（3）下寺10号墓出土的黑敢钟一套，包括钮钟9件，镈钟8件。

春秋战国时期长江流域的青铜器

「楚王酓章钟」

（4）楚王酓章钟，共3件。其中两件为钮钟，传出土于湖北安陆，今仅存铭文。另一件于1978年出土于随州曾侯乙墓编钟的下层西架正中，为镈钟。其铭文和传世的两件铭文相同，是楚惠王酓章56年为曾侯乙宗彝作器。镈钟的钮由两对精雕而粗壮的蟠龙对峙构成。钲间两侧篆带各以五个凸起的圆泡形饰为枚，呈梅花状排列，正背两面共四组20枚，均缀于浅浮雕龙纹的衬地上。正鼓部为浮雕的6龙组成的图像，其构成情况是：中部为上下相对的两个正面形龙首，左右两侧各有上下2龙，龙的躯体作侧视相互交缠状，轮廓分明。龙身的细密填纹也非常清晰，铸造的精工程度胜于曾侯乙钟。全器通高92.5厘米，重134.8千克。

（5）江陵天星观1号墓出土编钟。

（6）信阳长台关1号墓出土编钟。共13件，出土时大部分仍悬挂在木质钟架上，均为钮钟，形制基本相同，枚为圆乳丁状，于部弧度较大，通体饰浮雕状蟠螭纹。经分析、检测后发现，这一套编钟的原有件数应该是12件。另外一件最大且有铭文，可能是为勉强配套而加上去的。钟架为木质，一字形，长2.42米。正是这套战国中期的楚钟，演奏出《东方红》的乐音，通过卫星传遍全世界。

4.楚兵器的类别及器形特征

作为春秋五霸和战国七雄之一，楚国的武库无疑是庞大的。特别是战国时期，随着战争次数的增多和战争规模的扩大，受到刺激的兵器工业迅猛发展，在战国七雄的军备竞赛中，楚国是长期占着上风的。在战国中期，楚国号称"带甲百万"。在公元前312年秦楚丹阳之战中，秦军击杀楚国甲士八万。由此不难想象，楚国需要的兵器数量是何等巨大。迄今所发现的最早的楚兵器是楚公家戈，但戈体为巴蜀式，非楚人所铸，只是因为铸造精工，楚公

「楚公豙戈」

家才得而宝之,加刻"楚公家秉戈"以据为己有。楚人的这种擅于掠人之美,并勇于创新的精神,在其兵器业的生产上,尤其发挥得淋漓尽致,楚人因此得以后来居上,并长期在列国的军备竞争中保持着优势。

在各地已发掘的楚墓中,出土大量兵器。论质料,有铁、青铜、木、竹、皮等制品,以青铜兵器为大宗。论功能,可分为进攻性武器和防御武器两大类。进攻性武器又可分为长兵器如戈、矛、戟、殳等;短兵器如剑、匕首等;抛射兵器如弓、弩、镞等。防御性兵器主要有甲胄和盾。

所出土的楚国青铜兵器主要有剑、矛、戈、戟、殳、镞、匕首等,剑最具代表性。

剑　剑是楚墓中出土的数量最多的一种青铜兵器。

「剑」

在已发掘的数千座楚墓中,已出土600余把剑。已出土的先秦剑,大半是楚剑。特别是雨台山墓区89座单棺墓和24座没有其他随葬品的无棺无椁墓也有青铜剑出土,表明凡墓主为成年男子,无论贵族、平民,几乎都有青铜剑随葬,说明佩剑之风在战国时期已遍及楚国各阶层。

楚人尚武,他们在求生存和图发展的艰难历程中养成尚武精神,爱剑是他们尚武精神的具体表现之一。剑之所以为尚武的楚人所宠爱,在于剑便于携带,既可用于防身,又可以用于战斗中近距离格斗,是一种兼具多种功能的武器。因此,楚人多方面地学习、吸取先进的铸剑技术,而铸制出许多利剑。

在春秋晚期之前,楚的铸剑工艺落后于吴越自不待言,其原因有二:一是吴越的铸剑技术本来就妙绝天下,楚人一时还学不到家;二是吴越车兵少,徒兵多,徒兵的利器以剑为最,所以吴越特别重视提高铸剑技术。对于吴越宝剑,楚人梦寐以求。有这样一个故事,说越国的欧冶子铸了宝剑五柄,其一曰湛卢之剑,后为吴王阖闾所得。湛卢之剑恶阖闾无道,腾空而去,飞到郢都,落到楚昭王的床上。楚昭王大惊,问风胡子是怎么回事。风胡子说:湛卢之剑有"去有道以就无道"的品性,欧冶子已死,人家即使使用满城的美金、满河的珠玉去买湛卢之剑,也是买不到的。现在阖闾无道,大王有道,所以它就飞来了。阖闾听说湛卢之剑为楚昭王所

春秋战国时期长江流域的青铜器

得，大怒，用孙武、伍员一起领兵去打楚国了。

这个离奇的故事，有可能是楚人杜撰的，它说明了楚人对吴越铸剑技术的仰慕，并希望得到吴越宝剑的急切心情。当楚灭越时，楚人大肆搜罗吴越名剑是理所当然的事情，这也许是吴越剑大量出土于楚墓的原因之一。楚人对于吴越宝剑的渴求，实际上是对其铸剑工艺的渴求，是要学习吴越之地的铸剑技术，以促进本国的铸剑工艺水平的提高。吴越铸铜工匠在国亡之后为楚所用是顺理成章的事情。

经过楚人的不懈努力，至战国时，楚人根据铜锡合金中，铜锡的不同比例与合金的硬度、强度、韧性等之间的关系，制造了了青铜复合剑，将青铜剑的铸作技术推向了一个新的阶段。

> 所谓复合剑，又称之为双色剑、插心剑，因为它是用两种铜、锡含量不同的合金制造而成的，由于两种铜合金外观颜色不同，所以考古工作者如此称呼。

复合剑是在青铜剑制造技术的基础上逐步发展起来的一种新工艺。这种剑要浇铸两次，第一次浇铸剑脊，第二次浇铸剑刃。剑脊含锡量较小，取其坚韧；剑刃含锡量较大，求其锋利。因为长剑的铸作必须兼顾硬度和韧性两个方面的使用性能，如果采用含锡量较低的青铜作长剑，韧性方面较好，长剑不易折断，然硬度较低，不适于交战时作砍杀之用；如采用含量锡较高的青铜制作长剑，硬度方面较好，因含锡量较高，青铜脆性增加，但长剑在使用时容易折断。为同时满足硬度和韧性这两个方面的要求，才有了复合剑的产生。

或认为复合剑的出现是楚人喜爱佩带长剑的结果。楚人喜欢"长剑危冠"这样的装束，《离骚·涉江》中即有"带长铗之陆离兮"的诗句，长铗即长剑。1973年出土于长沙子弹库楚墓的《人物御龙帛画》，画面上的一男子即危冠长袍，手握长剑，立于龙身上之。

楚国在兵器工业方面的最大成就，就是铸造了大量

「人物御龙帛画」

优质的青铜剑。楚式剑与吴越剑的剑身形制几如孪生兄弟,表明它是吴、越、楚三国青铜铸造匠师的智慧结晶。

弩 弩由臂、弓、机三部分组成,臂由木制,弓和机都装在臂上,弓横装在臂的前端,机装在臂的中部偏后尾处。春秋战国时期的弩已用青铜铸制,包括悬刀(扳机片)、望山和牛(钩心),在望山下部连有钩弦的牙,它们都用青铜的枢(栓塞)结合在弩臂上挖出的框槽内,因此弩之张发,枢都是很重的部件。

楚墓已出土战国时期的弩机数件,如长沙左家塘15号墓、常德德山12号墓、大冶窖藏各出土1件,江陵九店出土2件,江陵秦家嘴还出土1件双矢并射连发弩机。

九店出土两件,木臂已不存,唯铜质机件和木臂后端上的铜套饰保存完好。其中一件(标本217:1)牙较短宽,前有两齿,后端与望山联铸为一体,侧视呈钩状,末端下部有栓孔与悬刀相衔。悬刀作长条形,上端圆形有栓孔,以枢将悬刀与牙衔接于一体,旁侧有扣牛的缺口。牛的一端有栓孔,以枢衔于木

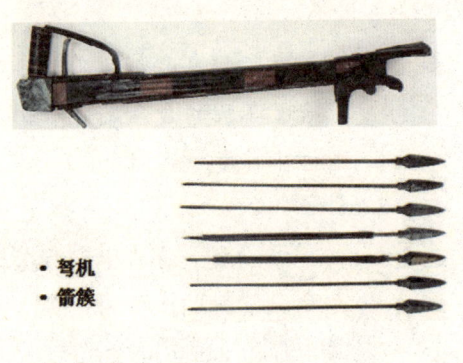

「弩机、箭镞」

臂的机槽内,另一端伸出二齿,上齿极短,扣于二牙之间,下齿略长,与悬刀缺口相扣合。枢作圆柱形,用于衔接悬牛和固定牛。

从发射原理看,弩和弓是相同的,都是利用张弓储存能量,然后通过急速收弦把它转化为动能,将箭射向前方。如二者相较,互有优劣。

从弩在楚墓出土的数量来看,尤其是双矢并射连发弩机的出土,既说明这种远射兵器当时在楚国使用的较为普遍,也说明楚国的造弩工艺比较先进。《吴越春秋》记述有越王勾践向楚将陈音请教射箭的故事,陈音把他学习射术的师承关系,一直追溯到传说时代的后羿,并把弓弩的发明和发展的历史,归结为"弩生于弓,弓生于弹",是楚国的琴氏"横弓着臂,施机设枢"而发明了弩。还认为安装青铜扳机,并在春秋时期开始把弩用为战争兵器也是源于楚国。弩机最早出现于楚地是有可能的,但弩的

出现要比春秋时期早得多。楚国从西周晚期的楚公　将一件蜀式戈视为珍宝，到战国时期拥有当时各诸侯国中最先进也是最庞大的武库，成就是惊人的，这也是楚国历史进程的一种见证。

5.楚生活用具的类别及器形特征

随着社会的发展，风气的改易，以及铸造工艺的革新，楚国青铜器的风格在战国时期出现了新的变化。而随着楚人对神界的虔敬之心减弱，对人世的深缅之情增强，在礼器受到重视的程度日益衰减的同时，日用铜器受到了楚人的空前重视。诸如一批铜镜、铜灯、铜带钩、铜熏杯、铜樽等无不铸造精美，堪称能工巧匠呕心沥血的作品。

灯　灯是照明用具，在几座战国中期的楚墓如江陵望山2号墓、荆门包山2号墓、荆门后港楚墓分别出土数件。依其形制，有豆形灯和人擎灯两种。

豆形灯构造简单，由灯盘、束腰柄组成。灯盘较浅，盘中部有锥状灯芯柱。高20厘米左右，盘径13.5厘米左右。

人擎灯可细分为两种：一种为包山2号墓所出，由灯盘、柄和铜人组成，灯体与豆形灯相同，铜人头挽右髻，发髹黑漆，宽额，浓眉大眼，直鼻，小嘴，圆颔，耳微外侈。右衽，广袖，博带，深衣，左手扪胸，右手执灯，其下接方形座。铜人高7.1厘米，通高16.3厘米。

「豆形灯」

另一种为人骑骆驼灯，铜人昂首直腰骑坐于驼上，头部比例较大，面向正前方。圆胖脸型，铸有向脑后梳的发纹。两手屈肘前伸托住灯座，以承插灯柄，双腿屈膝弯足贴于驼身两侧。骆驼之头前伸，弓背垂尾，四足立于长方形铜板上。骆驼颈上有斜线纹，前腿上部有直线纹，以表示驼毛。通高19.2厘米。全器以简洁的手法，浑朴的造塑，形象而生动地表现了驼之憨然而人之怡然，惟妙惟

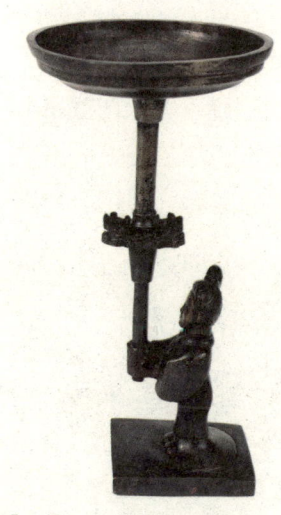

「人擎灯」

肖，是典型的拙中见巧的器物。

《楚辞·招魂》中有"兰膏明烛，华镫错些"的诗句，镫即灯。这种造型别致的器物既为实用品，又是工艺品，二者兼而得之，为楚贵族"沉日夜些"带来不尽的欢乐。

带钩　带钩是束腰皮带一端的挂钩。古称鲜卑、师比头，最初为北方草原民族所使用，春秋战国时期传入中原，一直沿用到汉代。

「人骑骆驼灯」

楚墓出土的带钩，无疑是南北经济文化交流的产物，尽管形制未能突破北方的模式，流行的程度也比不上北方，但还是有些带钩的纹饰颇具特色，尤其是望山楚墓出土的两件铸造得十分精美。

一件为鎏金铜带钩，出土于望山3号墓。钩作龙首反顾状，背有一圆钮，头窄尾宽。遍体鎏金，浮雕两条龙，一条有角，一条无角，相互缠绕。长14.3厘米。

另一件为错金银铁带钩，出土于望山1号墓。铁制品最早出现于春秋晚期的楚墓，战国楚墓出土得较普遍，这件器物是其中的佼佼者。

带钩的腹部宽薄而扁平，略带弧形，背面有两个圆形的凸钮，钩作龙首形。龙首用金片和丝嵌龙的眼、耳、鼻、嘴。龙颈两侧用金丝嵌饰卷云纹，颈背用金片和金丝镶有圆卷纹等纹样。腹上的周边用金丝镶嵌一周，并从中部分成两组基本对称的图案：即用金片嵌成凤纹，凤的周围又用金片和金丝镶饰卷云纹，使凤鸟如飞似动，非常美观。在每个凤纹之间，又用银片错出变形鸟纹的图案，使整个画面复杂多变而又有规律，金光灿烂，银光闪烁。背面也用金丝嵌边一周。两个凸出的圆钮

「鎏金铜带钩」

「错金银铁带钩」

上，用金丝镶有圆圈纹，用银丝嵌成云纹图案。尾端用二道银丝将画面分成4个大菱形纹与6个大三角纹，并在大菱形纹与三角形纹里用金片、金丝与银片、银丝分成6个不等边的四角形，又用金片与金丝错成卷云纹等图案。带钩的三个侧面均用金丝错成卷云纹等图案，带钩弧长46.2厘米。这种宽大而精美的错金银铁带钩，为迄今所仅见。

铜镜 铜镜发明于北方，已发现的西周以前的十余件铜镜全部出土自黄河流域。楚国铸造铜镜始自春秋晚期，但至战国早中期之际，楚国已有多种新镜型，并显示出独特的型式特征，被称之为楚式镜。

> 楚式镜最初在淮水中游被发现，一度被称为淮式镜。后来在湖南发现了更多的楚式镜，淮式镜也就无人提及了。

在湖南长沙，大约四分之一的楚墓都出土有铜镜，可见当时楚镜的普及程度。湖南楚墓出土的铜镜既多且精，与此相反，在楚都江陵一带的楚墓中所出土的铜镜数量较少。据有关资料统计，迄今为止出土楚式镜1000面左右。

楚式镜的发展脉络比较清晰，其镜形是从仅有圆形到偶见方形；镜面从小到大，从全平到微凸；镜缘从平到卷；镜背从仅有地纹到地纹烘托主纹，地纹和主纹都从简到繁，地纹以云雷纹较少而羽状纹较多，主纹从仅有花叶纹或山字纹或蟠螭纹或禽兽纹到两种纹样交错组合，雕刻技法从仅用浮雕到也用透雕；镜钮从单调到多样，从无座到有座。

山字镜是楚式镜中最多的一种，凡山字镜都以羽状纹为地纹，山字则多少不等，少则3个，多则为6个，通常为4个。山字都为斜体，或左旋，或右旋，单字的三竖有参差错落之态，多字相接则有旋转流动之势，手法简洁，风格明快。而且，有的还在四个山字之间配有花枝、花叶、花瓣，每个山字都是减地双钩，圆中见方，静中有动，柔中寓刚，成为最典型的楚式镜。

「山字镜」

江陵九店出土的几面铜镜显示出不同的镜型特

征,颇具代表性:其一,为圆形镂空凤纹镜。其镜面与镜背用两种含合金成分不同的金属分铸,然后扣合而成。三弦钮,圆形钮座,斜边,窄平沿。以钮座为中心,作成十字形的箭头符号状,将背面划分成四个象限区,每区透雕一组凤纹图案,每组两凤相对,凤冠高扬,凤身作反首曲颈展翅卷尾状。两凤之间颈、翅相连成对,身饰羽毛纹。每区间以花瓣形卷云纹连成一体。凤身和云纹上加饰有半镂空的长条形和圆形浅槽,槽内填有天蓝色颜料,直径11厘米。

「圆形镂空凤纹镜」

其二,云雷纹地饕餮纹镜。该镜出土时仍装在竹笥内,保存完好,光彩照人。三弦钮,无座。直边,宽缘微凹。以钮为界,两边饰相背对称的饕餮纹,其形如兽面形铺首。直径12.2厘米。

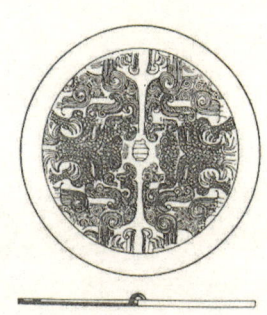

「云雷纹地饕餮纹镜」

其三,羽状纹地四叶纹镜。三弦钮,方形双重钮座,斜边,卷缘较低。在羽状地纹上由钮座四边外缘中部各饰一叶,叶面有叶脉纹。直径10.9厘米。

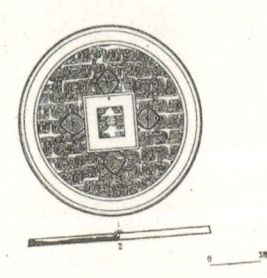

「羽状纹地四叶纹镜」

其四,圆形彩绘镜。桥形钮,无钮座,斜边,无缘。镜体较大,直径16.7厘米,胎较薄。镜背在黑漆地上用朱、黄两色漆彩绘鸟、云纹。中部用红漆勾勒出一展翅飞翔的小鸟,用黄漆绘鸟目,外围用红、黄漆相间绘云朵状纹。

「圆形彩绘镜」

总之,根据现有的资料,先秦时期铸镜最多且最好的是楚国。楚镜后来居上,形制繁多,质地精良,纹饰华美,成为先秦铸镜业最发达的地区,其影响所及,甚至在阿尔泰山西麓的古代遗址中也发现了堪称标准楚式镜的四山镜。

6.楚国青铜器的铸造技术与装饰工艺

春秋战国时期长江流域的青铜器

在已出土的楚国青铜器中，淅川下寺楚墓出土的青铜器群最具代表性，反映了楚国青铜文化鼎盛时期的精湛铸造技术与精良装饰工艺。其铸造技术方面的突出成就主要表现以下几个方面：

其一，铸接与焊接技术的普遍使用。下寺青铜器除少数简单的器形采用浑铸法之外，大部分器物均采用分铸法分别铸造器身与耳、足及其他附件。按分铸法的先后顺序，可分为先铸附件、后铸器身的先铸法和先铸器身、后铸附件的后铸法，以及器身、耳、足、附件同时进行铸造的并铸法三种。由于分铸法的盛行，青铜器各个部位之间的连接普遍采用了铸接和焊接技术。其铸接技术主要有两种：一是榫卯铸接法，二是媒介铸接法。焊接技术也主要有两种：一是铸榫法，二是铸出孔焊接法。

其二，陶范分型设计的合理与灵活多样。这主要表现在能够根据器物不同的形制和大小、内外范之间的型腔内采用不同的芯撑，外范则采用不同的分型。如高大精美的王子午鼎所使用外范及范芯多达169块，而一般的铜鼎仅使用10余块。

其三，先进的铸造工艺。在下寺青铜器群中，如铜禁、铜壶盖冠、铜盏附件、升鼎附兽等，这些铸件的器形结构都比较复杂，尤其是铜禁的镂空附饰异常繁复精致，其上下共有22只镂空透雕兽，四面还有多层透雕云纹，工艺水平的高超令人殊难置信。

在装饰工艺方面，下寺青铜器群的大部分器物都有种类繁多、形象奇特、线条流畅、细微精美的纹饰，纹饰除范铸外，还使用了错金、嵌铜、镶绿松石等工艺。

范铸纹饰以单层为主，蟠螭纹、蟠虺纹最多；少数为复层，即以蟠虺纹或蟠螭纹为地纹，主纹高浮于地纹之上。有的主纹之上又饰阴线花纹，在器物的突出部位浮雕出兽头形，如器足之上部、器耳等。

复印花纹技术也得到广泛运用，如在王子午升鼎的盖上，可清楚地看到母印翻印纹饰的痕迹。

错金铜器见于两件铜戈，其铭文错金，是在预先铸好的铭文槽中填以金钱，然后压实、磨光。错金技术是春秋时期新出现的一种青铜装饰工艺，改变了传统模铸纹饰的呆板和拘谨，而显得清新活动。错金戈铭"王孙诰之用戟"与同墓出土的王子午鼎的铭文字体一样，其字体趋于修长，仰首伸脚，笔画富于变化，多波折弯曲，作美术字状。这类楚文字，由于笔画扭曲较甚，略具鸟虫形，是后人所谓虫书、鸟书的雏形。

鸟虫书创于何时何地，论者多以为是春秋晚期的吴越，张正明先生根据上述下寺楚器上的铭文和楚人尊凤、爱凤的心态，认为鸟书创于楚国的可能性实比创于越国的可能性要大得多。

郭沫若先生认为：

东周而后，书史之性质变而为文饰，如钟镈之铭多为韵语，以规整之款式镂刻于器物，其字体亦多作波磔而有意求工。……凡此均于审美意识之下所饰之文饰也，其效用与花纹同。中国以文字为艺术之习向，当自此始。

两件铜戈的铭文，原为错金，又具鸟书之雏形，显然是为了突出其装饰效果。

镶嵌绿松石，主要用于车马饰的铜泡之上。绿松石多扁圆形，镶嵌在铜泡上预铸好的圆窝内。

镶嵌黑漆，在下寺铜器群中也有发现，在某些铜鼎的纹饰凹入部，镶嵌着黑漆，光洁发亮，把纹饰凸出部衬托得富丽堂皇。这种工艺，只见于楚器，可能为楚人所独创。

此外，一些铜器的装饰还较多地运用了浮雕、圆雕、透雕等技法，在盖、耳、环、鋬、圈顶、扣卡、提梁、足等附件上，这些技法运用得尤为广泛而娴熟。

总之，楚人博采众长，勇于创新，创造出了灿烂的青铜文化。

（二）钟鸣鼎食——曾侯乙墓出土青铜器

1979年在随州东郊季氏梁出土两件戈，一戈铭："穆侯之子西宫之孙曾大攻尹季怡之用。"另一戈铭："周王孙季怡孔藏元武元用戈。"器主季怡自称为曾之先君穆侯之子西宫之后代，又称为"周王孙"，说明曾的确是周朝分封的同姓国，并且与周王室有着较近的血缘关系。

曾国的青铜铸造技术一度领先于楚国，但随着楚国的迅速崛起，其青铜文化也开始发达并以至于鼎盛，这对在春秋中期即已沦为楚国附庸的曾国青铜文化的发展，影响之强烈是不言而喻的。曾侯乙墓出土的青铜器便是在这种文化背景下产生的，是曾楚青铜文化相互影响，相互融合的结果。

曾侯乙墓于1978年发掘于湖北随州市擂鼓墩，是中国考古史上的一次

春秋战国时期长江流域的青铜器

重大发现。所出土的青铜有礼器117件，用具17件，钟镈65件，钟架构件和钟挂件246件，磬架及编磬挂件102件，建鼓座1件，兵器4732件，车马饰958件，墓主外棺框架1副，总计6239件，总重量近10.5吨，是历年来一墓出土青铜器的数量和重量最多的一次。

1. 礼器

所出土的礼器组合关系完整，组合中有食器、酒器、水器。

食器中有烹饪器鼎、鬲、甗，盛食器簋、簠、豆等。仅鼎类即有镬鼎、箍口鼎、子母口鼎、小口鼎以及楚国特有的束腰平底升鼎等数种鼎型。

「曾侯乙墓出土的大镬鼎、牛钮盖鼎」

酒器中有大尊缶、鉴缶、联禁大壶、提链壶、尊盘、罐、滤酒器、勺等。

鉴缶由盛酒器尊缶与鉴组成，共两套，出土时保存完整。方尊缶置于方鉴正中，方鉴有镂孔花纹的盖，盖中间的方口正好套住方尊缶的颈部。盖的四边各有一兽面衔环钮，四边边沿则各有两兽面形衔扣以使器身与盖接合得更好。器口每边正中和四角上又各加一块曲尺形和方形附饰，用凸榫与口沿上相应的榫眼套接。鉴身的四面和四角，共有8个拱曲攀伏的龙形耳钮，耳钮的尾部都有小龙缠绕，并有两朵五瓣小花立于尾上。鉴底由4只龙首兽身的足顶托。鉴身及尊缶满饰变形的浮雕蟠螭纹。鉴的底部与尊缶的结合处，其设计之精巧更令人叹为观止：鉴底结构分为两层，外层呈圆饼形下凹，中间有十字形凸梗，因此增加底托力量；内层为一圆盘，恰好嵌入外层的下凹部位，器内壁底又伸出3个小凸榫将圆盘卡住，并加焊固定，其中一个弯钩带有可以活动的倒钩，当弯钩套入尊缶的方圈足钩孔后，倒钩即倒下扣紧圈足。这样，方尊缶便牢牢地固定在方鉴内了。

「鉴缶」

在鉴与缶之间有较大的空隙，应是夏天盛放冰块，冬天盛放热水之用。这样，可以在炎热的夏天喝到冰凉的美酒，在寒冷的冬天喝上温热的甘醇。《楚辞·招魂》记有："挫糟冻饮，酎清凉些。"其"清凉些"大概就是由这种盛冰的鉴缶制成。设计奇巧，铸造精工的鉴缶被誉为中国古代的"冰箱"。

尊盘由一尊一盘组成，出土时尊置盘内。这种组装以盛酒的尊为主，应称盘尊。这是铸造工艺之精巧达到先秦青铜器的极诣，被叹为鬼斧神工的器物。

尊由尊体和各种附件、附饰组成。尊体喇叭口，长颈，圆鼓腹，高圈足。口沿附加精细繁缛的透空附饰。颈、腹和圈足，各附4条形态不同的龙形装饰。口、颈之间，器壁为内外双层，内层为有规则的镂空网状结构，外层为一些分布不规则的铜梗相互勾连，与口沿上的繁缛花纹相连接。口沿上的附饰由高低两层透空附饰组成，内外两圈，

「尊盘」

错落相间。每圈有16个花纹单位，每个单位由形态不一的4对变形虺组成。虺均各自独立，互不依附。每条虺的下端由弯曲不规则的小铜梗支撑，这些小铜梗立于外层器壁的铜梗之上。整个口沿和唇面就形成了既极为复杂又错落有致，既玲珑剔透又节奏分明的立体花环艺术形象。尊颈部较长，除饰有蕉叶纹和浅浮雕的变体蟠螭纹外，还附加有四条立体圆雕的龙形装饰，龙首向上反顾，口吐长舌，身躯中空，由镂空的变形虺纹、涡纹组成。四龙足伏于颈壁之上，其尾部与腹部装饰的龙首相连。

> 尊的腹部饰浮雕的变体蟠螭纹，并附加有四条双身蟠龙作装饰，从正面看，龙首与双身似是连在一起，而实际上龙首连于颈部龙的尾上，与双身并不相连。

其圈足的上部为镂空的蟠螭纹，下部饰简化的蟠螭纹，也有四条曲张多姿的双身龙作装饰，龙首昂起，口吐长舌，双身的左右各攀附两条蜷曲的小龙。据统计，整个尊体上装饰有28条蟠龙和32蟠螭。

春秋战国时期长江流域的青铜器

盘也是由盘体和各种附件、附饰组成，其装饰风格和结构同尊一样，由附件、附饰的繁缛精巧程度无与伦比。盘上的龙有56条，蟠螭48条，蟠龙、蟠螭都是龙。上述统计的数字尚不包括尊、盘口沿上的那些细小的虺龙，如果将这些龙，甚至连同尊、盘体上平雕或浅浮雕的蟠螭纹加在一起，龙的数量是无法统计的。无数条龙聚在一器，尚难找到第二件。

尊盘的镂空纹饰之精细犹如丝瓜络子，是先秦时期铸造最成功、最繁复的一件，其铸造技艺已达炉火纯青的地步。

尊通高30.1厘米、口径25厘米，底径14.2厘米，重9千克；盘通高23.5厘米、口径58厘米，重19.2千克。

曾侯乙尊盘的出土，可以推定于20世纪50年代在安徽寿县发掘的蔡侯墓也出土有同类器物，且不止一套。有学者论定此类器物为祼器，就是祭器。

2.用具

礼器之外，还有青铜用具17件，如炭炉、箕、漏铲、镇、熏、筒形器、勾形器、鹿角立鹤等。

鹿角立鹤，为鹿、鹤合体，是一件风格独具的艺品珍品。鹤引颈昂首伫立，长嘴，嘴上翘呈钩状，两翅展开作轻拍状，拱背，垂尾，两长腿粗状有力，下有三爪，立于长方形器板之上。鹤头上左右两侧插有两支铜质鹿角，向上呈圆弧状。

鹤、鹿角和器板上均有铸造和镶嵌的纹饰，特别是鹤的头、颈部和鹿角上饰错金涡云纹、三角云纹和圆圈纹，背、腹和尾下部边缘镶嵌有绿松石。鹤嘴右侧有铭文一行十字："曾侯乙作持用终。"

全器分为8个部分分铸后连接组装而成，通高143.5厘米，重38.4千克。

「鹿角立鹤」

鹤、鹿在中国古代都被视为瑞兽，是长寿吉祥的象征。把鹿角插于鹤头，将两者集于一身，为想象中的吉祥动物。古人把仙人乘鹤叫"鹤驭"、"鹤驾"，此器出土时是置于主棺之东，可能意在引领主人灵魂升天或祈求神灵保佑。

3.乐器

青铜乐器是曾侯乙墓青铜器群的另一重要组成部分，其核心为编钟。编钟共65件，其中钮钟19件，甬钟45件，以及楚惠王赠送的镈钟1件，分3层8组悬挂在钟架。

高大的钟架出土时仍完好地矗立于墓室，呈曲尺形，分上中下三层，总长10.83米，高2.73米。由6个佩剑铜人和6根圆立柱承托。铜人身着衣裳，束腰宽带，神情肃穆。钟架以铜人承托，是第一次发现。

「编钟」

钮钟悬挂于钟架上层，形制相同。通体光素，最大者高39.9厘米，最小者高20.2厘米。

甬钟分5组悬挂于中下层钟架上，形制基本相同。纹饰除大甬钟有铸镶红铜龙纹外，大为尖浮雕状蟠龙纹，触之有棘手之感。正鼓部的龙形数量也大为增加，最多达15条。甬钟最大者通高152.3厘米，重203.6千克，为已发现编钟最重的一件。

钟的总重量达2569千克，连同钟架铜套等构件，全套钟共重4421.5千克。为我国历次出土编钟最重的一次。

编钟音色优美：大钟低沉深厚，中型钟圆润纯正，小钟清脆透明；音域宽广：总音域跨5个八度，其中心部位十二个半音齐备，全部音域的基本骨干则是五声、六声以至七声的音阶结构。尤其是一钟可以发出呈三度音程的两个乐音，还能分别击发而互不干扰，又能同时击发成悦耳的和声。

所有钟上都有铭文，少者3字，多者90字，共计2828字，加上钟架与挂钟构件上的文字达3755字。它们是先秦乐律学的珍贵资料，从乐学的角度来看，曾侯乙钟磬铭文好比是曾国宫廷中为乐工们演奏各诸侯之乐而准备的有关"乐理"知识的一份备忘录。其中涉及的音阶、调式、律名、阶名、变化音名、旋宫法、固定名标音体系、音乐术语等方面，相当全面地反映了先秦乐学的高度发展水平。

楚国有着铸钟的传统，这对曾国势必产生深刻的影响。比较曾侯乙编钟和淅川下寺2号墓出土的王孙诰钟，它们间的传承关系是十分清楚的，主要表现在以下几个方面：第一，两者在形制、纹饰的继承与演变方面十分明显。第二，两者如分组比较，"音域宽度大体相同"，"从半音的完整程度看,其旋宫转调能力大致与曾侯乙钟相同"。第三,编悬方式相同,上层挂中小钟为高音区,下层挂大钟为低音区。第四,律名多沿袭楚国,曾钟记载了楚国的11个律名,十二律的六间律名全部用的楚国律名。楚国的十二律形成远早于曾侯乙钟,"至迟在王孙诰钟时,楚十二律已经形成了"。总之,规模宏大、音域宽广、音色优美的曾侯乙钟是对春秋时期楚钟的继承与发展。

这套钟经光谱分析、微量分析、化学定量分析的结果证明,全套钟由高锡青铜铸成。其含铜量为77.54%～85.08%,含锡量为12.49%～14.46%,含铅量一般小于2%,个别略高于3%。其合金配制已十分讲究,并且规范化。《考工记》载:"金有六齐(剂),六分其金而锡居其一,谓之钟鼎之齐。"钟的化学成分比例,对其音量变化起着重大作用。实际结果,当含锡量低于13%时,音色单调,尖刺;含锡量在13%～16%时,音色丰满,悦耳。加上少量的铅有利于钟音的衰减和音色的改善。从这套钟的成分分析可以看出,当时的匠师已能识别铜、锡、铅的声学特性和物理特性,并且掌握了适当的配方。

编钟之外,还出土了青铜建鼓座、青铜磬架等乐器构件,二者是大胆的想象、奇巧的构造与新颖的造型完美结合的产物。

磬架由一对怪兽造型及其头上插附的圆立柱和两根圆柱横梁结合而成。呈单面双层结构,通高1.09米、宽2.15米。两怪兽为圆雕,对称,由多种动物体结合而成,集龙首、鹤颈、鸟身、鳖足于一体。其高高伸出的头、颈,顶托磬架横梁,头上双角,双眼圆鼓,口吐长舌,呈长鸣状,身上两翼张开,作振翅欲飞状,和同出的鹿角立鹤有异曲同工之妙。

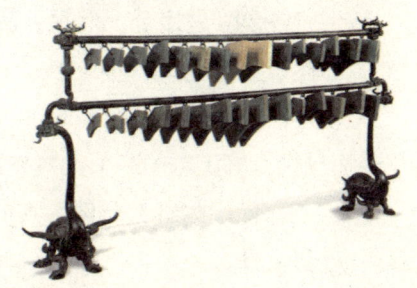

「编磬」

鼓座呈圆锥形,由圆形底座、承插空心圆柱和纠结穿绕的圆雕群龙构成。通高54厘米、底径80厘米,重192.1千克。圆形底座是由一铜圈及其圈内数根弯曲不齐的铜条构成的圆形中凸的网状结构。承插圆柱突居于鼓座

「鼓座」

正中,口如盘,身如管,内空透底。圆柱上部被圆雕群龙所簇拥,群龙由8对主龙躯干及攀附其身,首、尾的数十条小龙组成。主龙曲旋蟠绕,沿背脊两边还各镶嵌有绿松石两道,并刻繁细的鳞斑纹;攀于其上的龙则以高浮雕和圆雕相结合的方法来表现。大大小小的龙仰首摆尾,穿插纠结,以多变的形态和对称的布局构成了极其生动繁复的立体造型。

4.兵器

曾侯乙墓出土青铜器的种类就数量而言,最多的是兵器,达4732件,包括戈、戟、矛、殳、晋杸、箭镞等。

殳、晋杸。殳共出土7件,为形制略有区别的两种,一种的殳头作三棱矛状,刃的中部稍内收,刃的下部接一个八菱形的箍,箍中空,箍的外部饰浮雕的龙纹。在一侧的刃上,铸制篆书一行6字:"曾侯郕之用殳。"另一种的区别在于箍部为刺球状,为3个一排,共10排,计30个粗而长的圆锥形尖刺。殳杆上方的一个花箍亦为刺球状,为5个一排,共16排,计80个尖刺。

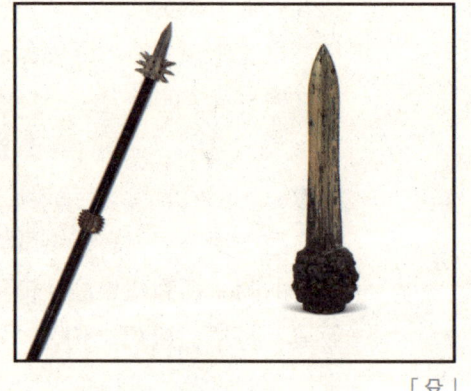

「殳」

晋杸共出土14件,其形制与殳区别甚大,为一长杆,两端装铜套,铜套无刃。

关于殳,古籍多有记载,《考工记·庐人》记:"殳长寻有四尺,……击兵同强。"郑玄注:"八尺曰寻……改句言击,容殳无刃。同强,上下同也。"贾公彦疏:"改句云击,以殳长丈二而无刃,可以击打,故云击兵也。云同强,上下同也者。"《说文·殳部》记:"殳,以杸殊人也。礼,殳以积竹八觚,建于兵车,虎贲以先驱。"同部又出"杸"字,曰"军中士所持殳也,从木殳。"

春秋战国时期长江流域的青铜器

> 根据这些记载，古代殳长一丈二尺，按一尺23厘米计，相当于2.76厘米，积竹八菱形杆，两端有铜套，无刃，与出土的"晋殳"完全一致。

曾侯乙墓晋殳之得名，源于该墓出土的竹简简文。简文记有殳与晋殳两种，所记件数正好分别与出土的7件殳和14件晋殳相吻合，而殳自铭，于是对号入座，各就其名。

晋殳无刃而殳有刃，有刃之殳可能即古文献所载的"锐殳"。

曾侯乙墓同时出土两种形制不同的殳，并有铭文，简文实物互为佐证，解开了中国冷兵器时代的一个疑团。

包括礼、乐、兵器及用具、车马器等曾侯乙青铜器群的出现，绝非偶然。春秋中期以后，青铜器的生产即开始出现新的变化，一方面是生产力的进步，为新的铸造技术和装饰工艺的产生与发展提供了条件；另一方面，各诸侯国开始大力铸造独具特色的青铜器，而楚国独领风骚。以楚国的技术优势及创新精神，加上曾国的文化传统，从而共同创造了中国古代青铜文化的辉煌。

5.铸造技术与装饰工艺的高度成就

曾侯乙墓出土的青铜器具有量多、型大、体重、工精等特点。其高超的铸造技术和装饰工艺主要表现在以下几个方面：

第一，复合范铸造技术在继承传统的基础上，又有新的发展，如编钟的铸制就反映了这一点。为保证钟的音质纯正、谐和，必须一次铸就。而一钟用范多达126块，这么多范芯拼合在一起，浇铸时还要把已铸好的甬嵌入范内，铸好后不仅要求每一块范尽量不错位，以保证形体完整美观，还要求钟壁厚薄达到设计要求，以产生准确的乐音，其难度可想而知。曾侯乙编钟外形美观，化纹精细，同时音质纯正，音色优美，音阶排列基本准确，可见当时的铸造技术之高超。

第二，分铸法有了新的进步。当时曾国铸造铜器除了广泛采用传统的分铸法以铸制小的附件如鼎的腿、耳之类，还能分铸诸如大尊缶、联禁大壶等大型器物的器身，腹径达1.10米的大尊缶铸造成功，是中国古代分铸技术成熟的一个标志。

第三，完善的铸接、焊接技术。建鼓鼓座为八对大龙交缠蟠绕在座体之上，还有许多小龙攀附在大龙的头部、身部、尾部之上，龙群由22件铸件和14件接头通过铸接和焊接相互联并和座体接合在一起，蔚为壮观。在受力较大的部位，因难度较高而操作较烦难的用铜焊；在受力较小的部位，因强度较低而操作较简便的用镴焊，墓中即有用于镴焊的低熔点铅锡合金出土。先秦时期的这种焊接技术和低熔点铅锡合金，都是首次发现。

第四，铸镶、错嵌工艺成熟。在出土的青铜器中有60多件镶有各种花纹。大部分使用错嵌工艺，就是在器体上铸出花纹凹槽，再于槽内填入绿松石、含铜量较高的矿物粉末和天然制漆品等，然后加以错磨，使之与器物紧密结合并显出光泽。铸镶法则是先将设计的花纹铸好，嵌入器体范内，在浇铸器体时连在一起，经过磨砺后既牢固又美观。是为创举，这也是当时铸铜技术发展成熟的标志。

第五，铸造工艺技术达到新的高度。曾侯乙出土的尊盘，在中国所有传世和出土的青铜器中，最精美也最复杂，是中国青铜铸造的最杰出作品。

> 曾侯乙墓青铜器群如果说在风格方面尚保持着某些个性，在技术方面则与楚保持着共性。因此，论者一般视之为楚系青铜器。

第六，装饰华美。该墓出土的青铜器主要以动物纹样如龙纹、凤纹为装饰题材，其他还有植物纹样及少量的几何纹样。装饰手法广泛，采用了平雕(包括线刻)、浮雕、镂空和镶嵌等，这些技法交相使用，造就了许多艺术上的精品。

总之，曾侯乙墓青铜器群代表了铁器普遍运用之前先秦金属工艺的高峰。但是，在此之前的曾国青铜器在风格上鲜有变化，技术上尚无突破。曾侯乙墓青铜器群的问世只能与楚国有关。曾国沦为楚国的附庸后，奉楚国为宗主，恭谨勤劳，累世不渝。所铸编钟一套64件，正中悬挂楚惠王所赠的镈钟，这是很有象征意义的。出土的九鼎八簋，代表了国君身份，但九鼎是楚式升鼎，这也形象地说明了曾与楚的主从关系。楚人富于创新精神，在春秋中晚期之际已形成自成体系的青铜器风格，早于曾侯乙墓一百

春秋战国时期长江流域的青铜器

余年的淅川下寺2号墓出土的青铜器,表明楚国当时已拥有高超的铸造技术及装饰工艺。此二墓的同类铸件无疑有着师承关系,只是曾器更加成熟罢了。

吴戈越剑

春秋中晚期,与耕战相关的青铜兵器和工具,作为吴越青铜文化的两根支柱,得到空前的发展,尤其是铸造了许多精美的兵器。

(一) 礼器与乐器

在春秋早期,吴越地区的青铜冶铸已十分发达,这一时期的青铜器出土多批,分布范围也较广泛,如太湖地区有武进淹城、无锡北州巷、松江凤凰山等,宁镇地区有丹徒大港磨盘墩、溧阳许大山界、溧水宽广墩墓等,皖南地区有繁阳汤家山、屯溪2号墓等,这些墓出土有大量青铜器,器类主要有鼎、簋、尊、盘、卣、匜、盉、勾鑃、钟等礼、乐器,兵器出土较少。

「安徽屯溪出土牺尊」

武进淹城出土有尊、三轮铜盘、牺匜、三足匜及一组7件勾鑃。这批器物是显示吴国青铜器独特风格的代表,其造型纹饰,皆独树一帜,纯属越人的奇思异想。如匜,呈扁体盘形,设宽鋬,与中原匜大相径庭;三轮铜盘的双兽首从圈足上伸出高于盘口,兽首回向盘内,盘腹饰编织纹。又如独特的展翅型鸟纹、几何形纹等,都表现出与中原纹饰完全不同的韵味。

「安徽屯溪出土跽座人」

其他各墓出土的器物也大体如此,如中原形式的青铜簋已不采用,所流行的是具地方色彩的扁体簋;在中原地区已少见的尊也在这里流行。

总之,吴越地区于此时已成熟地创造出富有自身特色的一套器物形式,展示出鲜明的地方风采。

春秋中晚期,吴越日益强大,并跨入争霸的行列,吴越青铜文化因此也获得充分地发展,成为吴越青铜文化发展的鼎盛时期。

在先秦时期,军事冲突与文化交流既是对立的、又是统一的,文化交流往往需要军事冲突作为先导。公元前584年吴王寿梦驱兵千里发动震惊中原的"吴伐郯"之战,拉开问鼎中原的序幕。从此,吴国正式"始通中国",大力效法周礼,努力改变蛮夷后裔的形象。吴国在时代呼唤和政治需要之下,迫切加快了完善青铜礼制的速度,青铜器的风格便急转为对中原礼器的模仿和追慕。这一点在已出土的有铭或无铭礼器上都表现得十分典型,诸如吴王光鉴、吴王夫差鉴、禺邗王壶等,其造型纹饰与同期的中原器几无区别。而且还在礼乐器组合上引进了中原的簠、壶,以及钟、磬等过去吴国未见的中原式器类。

「安徽屯溪出土凤纹方鼎」

> 尽管如此,吴国青铜器在效法和模仿中原的同时,仍保持和发扬着传统越族青铜器的作风。如流行弧腹、撇足的越式鼎,器物多设三矮足,如三足罍、三足炉等。

在已出土的春秋战国之际的吴越青铜器中,礼、乐器所占比例较小,且大多出土于几座较大的墓中,如:江苏六合程桥1号墓出土鼎、缶各1件,2号墓出土鼎3件、匜1件,3号墓出土鼎2件、甗、簠、盘、匜、舟各1件;六合和仁墓出鼎、匜各1件;镇江谏壁王家山墓出土盉、鉴、盘、匜和虎子形器各1件;江苏丹徒北山顶墓出土鼎3件、缶2件、鉴1件;丹徒谏壁粮山出土鼎、甗、罍等。

乐器即编钟在六合程桥1、2号墓各出土一套,分别为9件、7件;谏壁王家山墓出土镈于3件、勾鑃1件;丹徒北山顶墓出土编钟1套12件、镈于3件、丁宁1件。

各墓所出的青铜礼器,没有完整而固定的组合形式,但鼎仍为基本器，几乎每墓都有。鼎是反映吴越文化和其他区域文化交流融合状况的重要器物之一，基本上可分为两种不同的形制和纹饰：其一为深腹圜底，有盖，附耳，蹄足，和楚式于鼎近似，颇具楚器特征；其二为敛口折沿，浅腹、圜底，蹄形高实足，口上立方形双耳，明显地接近所谓"越式鼎"的形制，也可以说是由早期"越式鼎"演变而成的。

在所出土的吴国青铜器中，最引人注目的是数件春秋晚期的刻纹铜器，即六合程桥1号墓出土的刻纹盘残片，谏壁王家山墓出土的刻纹匜、盘、舟各1件。

被施以刻画纹饰的几件器物胎壁极薄，可能非铸就，而是捶打而成。在铜器胎壁上刻画出细如发丝的纹饰，表明其刻画工具的锋刃极其锐利。迄今所发现的春秋时期的刻纹铜器在器物类别、纹饰内容、工艺手法、风格特征等方面，有着极大的同一性，有人曾推测"这可能是某国某地区的一种青铜工艺"，不无道理，而大部分刻纹铜器出自吴地，吴国应是刻纹铜器的原产地。这是因为：

其一，吴国是春秋时期少数产铁的国家之一，在六合程桥1、2号墓中，曾分别出有铁条和铁丸。铁条属早期块炼铁，铁丸为目前所知最早的生铁。史籍中还有吴国制造铁剑的记载，《越绝书》说楚王"令风胡子之吴，见欧冶子干将，使人作铁剑。欧冶子干将凿茨山，泄其溪，取铁英，作为铁剑三枚。"以吴国工匠之出类拔萃的冶铸技术，有可能制造出在青铜器上錾刻纹饰的高硬度工具。而刻纹铜器的胎壁，最薄处厚仅1毫米，这对器物本身的金属质地、延展性能以及热处理水平都提出了很高的技术要求，但对于铸造出"肉试则断牛马，金试则截盘、匜"之"吴干之剑"的吴国工匠来说，也是能做到的。

其二，吴国有着产生刻纹铜器的良好环境。在吴国青铜文化的发展过程中，中原传统文化的影响未占主导地位，地方性的特色比较浓郁，风格也显得自由、活泼。因此，较之中原，这里更可能打破传统的兽面纹装饰模式，代之以表现人和社会生活的艺术题材。

其三，春秋刻纹铜器的题材内容，表现出吴国特有的人情风俗和社会面貌。短发者形象是春秋刻纹铜器具有地方性特征的显著性标志之一。以上述王家山墓的刻纹盘为例，其画面除部分残损外，尚见刻有各式人物34

人，其中短发者17人，占一半数量。他们从事的活动，既有迎送宾客，酬酢饮酒，弯弓射侯，也有烹饪、侍奉、操戈、驾船等，与同一画面中所见戴冠者的活动没有什么区别，这反映出短发者与戴冠者之间，在身份地位方面是平等的。这种表现并尊重短发者形象的画面，是春秋刻纹铜器的独特现象，在战国刻纹铜器上几乎不复存在。春秋战国时的列国，甚至包括楚国在内，发饰都以冠笄为俗。所谓"君子死，冠不免"，正是这种习俗的反映。当时江南吴国的

习俗却与此相异，风尚短发。与此同时，画面也反映了中原仪礼与文物制度，这是吴国效法中原的文物制度，两地间文化交流和融合的结果。

刻纹铜器那生动和谐而又充满生活气息的图画，真实地反映出当时吴国既开放吸收又保持越族传统个性的社会文化风貌。

> 刻纹铜器出现于春秋晚期，成熟并流行于战国早、中期。这种刻画纹饰的出现，在古代艺术史上有着十分重要的意义，因为"在此之前，一切的艺术装饰全部采取图案的形式，没有产生绘画的迹象，有了战国的帛画和青铜器上的画像，从而使绘画艺术逐渐形成了一个独立的艺术门类"。

越国青铜容器较之吴器出土得更少，也稍晚，最主要的为浙江绍兴306号战国墓出土的一组器物，有汤鼎、甗、甗盉、鐎盉、罍、鉴、炉尊各1件，圜底鼎2件，铜质房屋模型1座等。因出土有徐国铭文铜器，或认为该墓为徐墓。但徐国于公元前512年灭于吴，徐子羽奔楚之后，徐文化实际上已融入楚文化之中。徐器出土于绍兴306号墓也非孤例，徐器出土的特点就是散见于各地墓葬之中。因此，该墓应是越墓。从所出土的青铜器之风格特征，即在器类、器形、纹饰等方面都具楚文化的特征，这应与楚文化的东渐有关。

该墓出土的房屋模型最具特色，屋通高17厘米，平面呈长方形，面宽13厘米、进深11.5厘米。三开间，进深三间。南面敞开，无门、墙，立圆形明柱两根。东西两

「铜质房屋模型」

春秋战国时期长江流域的青铜器

面为长方格透空落地式立壁，北墙仅在中心部位开一宽3厘米、高1.5厘米的小窗。屋顶作四角攒尖顶，顶心立一图腾柱，柱高7厘米，断面作八角形，柱顶塑一大尾鸠，柱身中空，但不与屋顶相通。屋下有四阶。屋顶、后墙及四阶均饰方形结构的勾连回纹，图腾柱各面饰S形勾连云纹。

室内跪6人，分前后两排。前排东一人面向西，右手执槌，左手前伸张指作节拍状，前置一鼓架，上悬一鼓。前排中、西两人面向南，双手交置于小腹。后排东一人面向南，双手捧笙，作吹奏状。中一人面向南，膝上置一长条形四弦琴，右手执一小棍，左手扶弦，正在演奏。西一人面向南，身前亦横置四弦琴，琴首立圆形小柱，尾部翘起，演奏者后肘依于琴尾，拇指微屈作弹拨状，左手五指张开，正以小指抚弦。6人均未穿衣服，前排西、中二人前胸明显塑出乳突，束发于顶，应为女性。其余4人均未见乳突，结发于脑后，应为男性。据说，这组裸体乐俑，与马来西亚沙捞越伊斑族长屋中的女乐相似，后者是在度节，演奏各种乐器，女乐们上身全裸，安详而欢乐。这些裸体女俑，表现出质朴、健康的原始美感。在这样隆重的音乐演奏场合，歌乐者身体全裸，与中原礼俗迥异。

越国与吴国同属越族的于越族系，两者的共性特征一直十分显著。由于越与吴同属越族的青铜文化，它们之间也就是大同小异。越灭吴，越国保持和发展了吴国青铜文化的特色。所谓典型的吴越特色青铜器，就是对西周时期越族青铜文化的直接继承。它们不但与中原青铜器的风格有较大的差异，而且与江淮特色青铜器有较大区别。

> 具有吴越特色的青铜器主要有饰简化鸟纹的鸠杖、越式鼎、鼎甗结合型三短足匜、附耳三足盘、镂孔窗格纹盘及三轮盘、宽体尊、三足簋、斜腹簋、塔式簋、扁体三足匜、刻画纹匜、螭首提梁盉、鳞纹卣、扁体圈足牺匜及铜质房屋模型等。并且其纹饰又以独特的越式鸟纹和几何形纹为主体形式。

在吴越墓所出土的所有乐器中，具有特色的为錞于。丹徒北山顶墓出土3件，造型基本一致，大小有序，唯盘内纹饰各异。形制为虎钮，浅盘，直壁。器身作椭圆筒形，鼓肩，束腰，平口，肩大口小。虎钮之虎身饰曲折纹，腿上卷毛作涡纹状，长尾上卷。盘内或饰变体云雷纹，或饰三角形云雷纹。肩部饰一周变体云雷纹，口上部为三道凸起的绳索纹，隧部两侧各饰有由8条凸起的小龙组成的图案。最大的一件通高46厘米、最小的一件通高41.5厘米。

「虎钮錞于」

谏壁王家山墓也出土有3件，大小成序。为弧顶、无盘，顶端有虎形钮，圆突肩，斜弧腹渐内收，近口外稍处侈，口呈椭圆形。侧视錞于，器体上部向前倾斜，具有不等称的特征。其中较小的一件腹部正面饰兽形扉棱，腹内有两个三角形矫音孔。三件纹饰基本相同，虎钮饰雷纹，顶面纹饰分三圈，内圈为云纹，外两圈为三角云纹。正面肩腹间突出处饰一浅浮雕人面纹。下腹部与人面纹相对处有一方框，框内有4组变体云纹。以人面纹和方框为中线，两侧各有三列凸起的螺旋纹，间以三角云纹，其下饰鸟纹和变体云纹。最大的一件通高56.5厘米，最小的一件通高43厘米。

提起錞于，人们自然会想到巴人，原因之一在于湘西、鄂西、渝东、黔东等古巴人聚居之地是錞于集中出土的地方，且出土数量较多。但这里所出土的錞于偏晚，都是战国晚期直至东汉时期的錞于，显然巴人不是錞于的始铸者。

> 迄今所知最早的錞于出土于山东沂水刘家店子1号墓，该墓出土两件，皆有钮无盘；安徽宿县芦古城子出土1件，有盘无钮。这3件錞于都为春秋中期的器物。

錞于以有盘有钮为其完整的形式，这种比较完备的形制确定之后，钮的不同才是主要反映其发展变化状况的标志。而上述几件錞于或无钮，或无盘，它们应与錞于的始铸者有关。有人据此得出结论，认为山东半岛一些地区似为錞于的重要原生地，其主人可能即为东夷。而且錞于的传播路线应当是自东往西，自北而南，从中国的黄河流域逐渐推衍，錞于传播到了南中国的长江流域。此论颇有道理。

聚居于山东地区的东夷曾是西周初年叛周的重要力量，周公东征，重创东夷集团，东夷的一支或几支南迁至淮水流域，被称为淮夷。上述两批春秋中期錞于就与东夷或淮夷密切相关，而北山顶墓、王家山墓出土的两批春秋晚期的錞于与淮夷也不无关系。在这两批较晚的錞于中，北山顶出土的3件为形制完整的錞于，也是已知最早的形制完整錞于，且成为编錞的形式。

北山顶吴墓出土的青铜器可分为两组，一组为吴器，一组为徐器。錞于是否为徐人所铸不得知，但即使不为徐人所铸，因当时徐人的青铜铸造业明显地较吴人发达，吴人得到了徐人的帮助而铸造錞于也是有可能的。因为徐人的媒介作用，錞于由北而南，在春秋晚期进入到了吴越地区。

《国语·吴语》记："(吴)王乃秉枹，亲就鸣钟鼓、丁宁、錞于、振铎，勇怯尽应，三军哗，釦以振族，其声动天地。"由于錞于与丁宁、悬鼓、桴以及钮钟、镈钟等同时出土，与《国语》所载吴王所用的一套军乐器相符，历史文献得到印证。

(二) 季札挂剑

在吴越所铸青铜器中，兵器既精且美。春秋中晚期，随着吴越对外军事扩张的需要，其兵器铸造业呈畸形发展的状态，因此，"吴戈越剑"不仅为时人所艳羡，其美名还留传千古，为今人所称道。

> 在吴越兵器中，最著名的还是青铜剑。其质量之精湛，可以"肉试则断牛马，金试则截盘匜，薄之柱上而击之则折为三，质之石上而击之则碎为百"(《战国策·赵策》)。

青铜剑成为有口皆碑的利器，故得之者视为珍宝，《庄子·刻意篇》记："夫有干(吴)越之剑者，柙而藏之，不敢用也，宝之至也。"甚至连使用也于心不忍，可见珍贵至极。

《史记·吴太伯世家》记载了一则有名的"季札挂剑"的故事：在公元前544年，吴王寿梦的小儿子季札奉命出使中原，途经徐国。徐君见了季札的佩剑心生羡慕，季札考虑到出使的需要，当时未能将剑赠予。等到季札完成使命，归途经过徐国时，徐君已去世，季札遂将佩剑挂在徐君墓旁的树上而去。故事虽是赞扬季札的重信义，然透过故事也可看出吴越青铜剑的身价在当时已非同一般，否则作为一国之君的徐君也就不会为之垂涎了。

吴越青铜器之所以名贵，除了吴越拥有优良的铜锡资源，可以精选原材料，还有就是这一时期吴越冶铜技术的精进和大规模青铜铸造基地的形成。与此同时，统治者也高度重视冶金生产，尊崇青铜铸作匠师，诸如干将、莫邪、欧冶子等都被传颂为神话般的人物，其传奇式的铸剑故事一直流传至今。《越绝书》专门有一篇《越绝外传记宝剑》，把吴越的铸剑技术描述得神乎其神：

越王勾践有五把宝剑，闻名天下。有一位叫薛烛的客人能鉴赏宝剑，越王连忙召来请教。越王取出纯钧(剑名)，薛烛观赏后答道："这把剑显示它的光辉时，犹如刚开放的芙蓉花；观察它的剑面，似夜空中灿烂的星星；看它的光泽，似溢出池塘的充盈流水；看它的断口，似高峻山峰上琐碎的细石；看它的材质，犹如正融化着的光亮冰块。这就是纯钧之剑吧？"王说："对的。有人欲以两个一万二千五百家的乡，千匹良马，两个千户的城市换取，可以吗？"薛烛答道："不可。当时造这柄剑时，破赤堇山得锡矿，使若耶溪干涸得铜矿，雨神洒扫，雷神拉鼓风设备橐，龙神捧熔炉，天帝装炭，天上的精气降临。于是欧冶凭借天的精神……通晓铸剑的技术，制作了大剑三柄，小剑二柄，一称湛卢，二称纯钧，三称胜邪，四称鱼肠，五称巨阙。吴王阖闾时代，阖闾获得胜邪、鱼肠、湛卢三剑。阖闾无道，其子女死时，以屠杀活人为之送葬，湛卢剑因此而似流水般远逝，经秦国到楚国。楚王一觉醒来，得到湛卢剑。秦王闻之，向楚王要求而不得，于是出动军队攻击楚国，并表示：给我湛卢剑即撤退军队。……现赤堇山已复合，若耶溪积水已深不可测，众天神已不下凡，欧冶子将死，虽然得城市、金珠宝玉，使河干涸，亦不能得到纯钧剑，有人欲以两个一万二千五百家的乡、千匹良马、两个千户的城市换取，岂不太不值得了吗?

从这个故事可以看到，吴越之剑在当时已闻名于世，而出自诸如名师欧冶子之手的宝剑价值宝城，为争夺湛卢剑，秦王不惜以伐楚相威胁。

吴越名剑除了上面提到的五柄外，在《左传》、《国语》、《战国策》、《荀子》、《吴越春秋》、《越绝书》中还记载有毫曹、属镂、磬

春秋战国时期长江流域的青铜器

郢、辟间、步光、扁诸等剑。虽然这些名剑未见传世，但考古发掘所得的吴越青铜剑，却提供了实物，使我们得以一睹2400年前的吴越名剑风采，也证明这些古籍所载的确非虚语。

自20世纪60年代以来，在各地出土大量带有吴、越王名的青铜剑，吴王剑主要有：安徽淮南市蔡家岗出土的吴王太子诸樊剑；山东沂水发现的吴王剑；山西原平峙峪出土的吴王光剑；安徽南陵出土的吴王光剑；安徽庐江出土的吴王光剑；湖北襄阳蔡坡12号墓出土的吴王夫差剑；河南辉县发现的吴王夫差剑；山东临朐出土的吴王夫差剑；河南洛阳出土的吴王夫差剑；台北古越阁主人收藏的吴王夫差剑等。

「越王剑（越王州勾剑、越王鹿郢剑）」

这些有铭吴剑的形制并不一致，但大同小异。大同，是指锋为弧形尖状，刃缘呈外凸的弧线，近锋处略为内收，隆脊有棱；小异，在于茎、格、首的区别。春秋晚期的典型吴剑多是宽格、茎作圆柱或扁圆柱形，其上或有两道箍，圆盘形首或喇叭形首。有的剑身饰有几何形或火焰朵状暗花纹，制作精美。

但是，代表当时铸剑技术最高水平的并非吴剑，而是越剑。现在所出土的吴越兵器之有铭者，也以越剑为多。据不完全统计，已有20余件越王剑重见天日，如：湖北江陵望山1号墓出土的越王勾践剑；江陵滕店出土的越王州勾剑；湖北秭归香溪出土的越王州勾剑；湖南益阳赫山庙42号墓出土的越王州勾剑；河南淮阳平粮台楚墓出土的3柄越王剑；湖北江陵张家山小墓出土的越王兀北古剑等。而越王勾践剑是其中的佼佼者。

越王勾践剑出土于1965年12月，剑出土时，装在黑色漆木剑鞘内，剑与鞘吻合较紧。剑身寒光闪闪，毫无锈蚀，试之以纸，20余层一划而破。剑全长55.6厘米，剑格宽5厘米，剑身满饰黑色菱形几何

「越王勾践剑」

暗花纹，剑格正面和反面还分别用蓝色琉璃和绿松石镶嵌成美丽的纹饰，剑柄以丝线缠缚，剑首向外翻卷作圆箍形，内铸有极其精细的11道同心圆圈。剑身一面近格处有铭文两行8字。

铭文为鸟篆，当时正在发掘现场指导工作的历史学家、湖北省文物管理委员会副主任委员方壮猷教授带领着一班年轻考古工作者连夜对铭文进行释读，在工地无任何资料可供参考的情况下，释读出"越王"、"自用剑"6字，但最关键的越王之名未能释出。

越国自允常于公元前510年开始称王起，经勾践、鹿郢、不寿、朱勾……至无疆于公元前334年被楚所灭为止，先后有9个王。

> 究竟是哪一个越王所自作呢？为搞清楚这个问题，由方壮猷教授发起，在考古学家、古文学家之间展开了一场以书信往来为主要方式的学术讨论，参加者有郭沫若、于省吾、唐兰、容庚、徐中舒、商承祚、夏鼐、陈梦家、胡厚宣、苏秉琦、朱芳圃、史树青先生等。经过两个多月的讨论，取得了一致意见，即公认为越王勾践之剑。

越王勾践剑经复旦大学静电加速实验室等单位检测，该剑的主要成分为铜、锡、铅、铁、硫、砷诸元素，但各部位元素的含量不同。剑脊含铜量较多，韧性好，不易折断；刃部合锡高，硬度大，非常锋利。脊部与刃部成分不同，是采用了复合金属工艺的结果，即先浇铸含铜量高的剑脊，再浇铸含锡量高的剑刃，这是因为剑脊的熔点高，可以承受第二次浇铸的高温而不致熔化。这种复合金属工艺，能使剑既坚韧又锋利，收到刚柔结合的良好效果。这种先进的铸剑工艺，后来被善于掠人之美的楚人所吸收，并在战国时期的楚剑上得以发扬光大。剑格的含铅量却较高，这种材料的流动性较好，容易制作剑格表面的装饰。另外，在剑格、剑茎和剑身上所饰的优美的菱形几何形黑色暗纹，含硫化铜。利用硫化铜防锈，可谓当时一种先进的独特工艺，这也许就是该剑保存至今已历2000余年而毫无锈蚀的原因之一。

该剑上的8字铭文，刻槽刀痕清晰可辨，可以肯定是铸后镂刻而成，而非铸就的。铭文为鸟篆，笔画圆润，宽度只有0.3～0.4毫米，可见刻字水平是卓越的。勾践剑的制作时期当在公元前497—前465年之间，此时我国已有渗碳制钢及白口铁技术，使用了钢铁镂刀雕刻铭文，是极有可能的。

总之，越王勾践剑集当时各种先进的青铜冶铸技术于一体，代表了当时吴越铸剑技术的最高水准，制作之精湛，真可谓鬼斧神工。

> 有铭的越剑以"越王勾践剑"为最早，有铭的吴剑始于诸樊而终于夫差，夫差与勾践同时。

从吴越青铜剑的发展渊源和独树一帜的形制、纹饰等方面来看，其冶铸工匠应是土著。他们在不断改进工艺的过程中，至越王勾践剑时达到铸剑技术的顶峰。

青铜剑在吴越地区获得长足的发展，除东周时期以佩剑之风的影响外，与其地理环境的影响有较大关系。吴越地处水网地区，当地土著习于"以船为车，以楫为马"，盛行于中原地区的主要依靠战车作战的方式，在这里几乎是无用武之地。所以，步兵是吴越军队的主力。而步兵所需要的是适于近战的既轻便又锋利的兵器，剑恰好具有这些特点。吴越的统治者为了争霸的需要，十分重视兵器的制造，因此从客观上为之创造了有利条件。《吴越春秋》记越王勾践为了提高军队战斗力，聘请越女教练剑术，也从一个侧面反映了这个史实。

（三）耕作工具

吴越重视耕战，除大量铸造兵器外，青铜农具和手工工具也获得普遍发展。

在已出土的吴越青铜器中，生产工具占有较大比例，并且许多生产工具还出土于大型墓葬之中。江苏六合程桥1、2号墓即分别出土有锛、锄、铲、凿、削、锯镰等；镇江谏壁王家山东周墓也出土有锯、锯镰、锛、凿、削等。

苏州地区出土的生产工具尤多，1973年在昆山盛庄发现一个青铜熔铸遗址，出土有兵器、生产工具和铜块等，而生产工具最多，计有镰14件、锯5件、凿1件、锛1件、犁尖4件、铲1件。1977年在苏州城东北发现青铜器34件，其中生产工具有：锛12件、锄5件、斧6件、镰6件、犁形器1件，共30件。据统计，苏州地区从1975年至1980年间出土的青铜器共约86件，其中工具52件，兵器21件，生活器具13件。工具约占总件数的60%，而农具又占40件，接近青铜器总件数的一半。

浙江出土的生产工具，品种繁多，有镰、锄、臿、镬、耨、犁铧、破土器、斤、锛、锯、刀、削、凿等，尤以农具为主。

图书在版编目（CIP）数据

青铜冶铸/万全文著．—武汉：长江出版社，2019.6（2023.1重印）
（长江文明之旅丛书．人文历史篇）
ISBN 978-7-5492-6529-9

Ⅰ.①青… Ⅱ.①万… Ⅲ.①长江流域—青铜器（考古）—介绍 Ⅳ.①K876.41

中国版本图书馆CIP数据核字（2019）第105253号

项目统筹：张　树
责任编辑：张　琼　苏密娅
封面设计：刘斯佳

青铜冶铸

刘玉堂　王玉德　总主编　万全文　著

出版发行：	上海科学技术文献出版社
地　　址：	上海市长乐路746号　200040
出版发行：	长江出版社
地　　址：	武汉市解放大道1863号　430010
经　　销：	各地新华书店
印　　刷：	中印南方印刷有限公司
规　　格：	710mm×1000mm　1/16
印　　张：	10
字　　数：	136千字
版　　次：	2019年6月第1版　2023年1月第2次印刷
书　　号：	ISBN 978-7-5492-6529-9
定　　价：	39.80元

（版权所有　翻版必究　印装有误　负责调换）